Kurt Bracharz ✧ Esaus Erfüllung

KURT BRACHARZ

Esaus Erfüllung

DEUTICKE

Vorwort des Autors

Der Titel dieses Buches bedarf einer Erklärung. Wer ist Esau, worin besteht seine »Erfüllung«?
Vor elf Jahren veröffentlichte ich *Esaus Sehnsucht*, ein gastrosophisches Tagebuch. Damals bezog sich der Titel auf ein Zitat aus Jüngers *Siebzig verweht*, in dem es hieß: »An Bord hat sich meine alte Erfahrung bestätigt: daß das Studium umfangreicher Speisekarten, die drei Mal am Tag gereicht werden, bald Widerwillen hinterläßt. Die luxuriösen Gänge nehmen bald Einheitsgeschmack an. Man verleibt sie sich mit wachsender Lustlosigkeit ein, mit Esaus Sehnsucht nach einem Linsengericht.«
Dieses Zitat enthält wiederum ein Zitat, den Hinweis auf den biblischen Esau, den Sohn von Isaak und Rebekka, dessen Kampf gegen seinen zweitgeborenen Zwillingsbruder Jakob schon im Mutterleib beginnt und endgültig verloren geht mit der Linsengeschichte, die bei Luther so lautet:
»Vnd Jacob kocht ein gerichte / Da kam Esau vom feld / vnd war müde / vnd sprach zu Jacob / Las mich kosten das rote gericht / denn ich bin müde / Daher heißt er Edom. Aber Jacob sprach / Verkeuffe mir heute deine Erstgeburt. Esau antwortet / Sihe / Jch mus doch sterben / was sol mir denn die Erstgeburt? Jacob sprach / So schwere mir heute / Vnd er schwur jm / vnd verkaufft also Jacob seine Erstgeburt. Da gab jm Jacob brot vnd das Linsengericht / Vnd er ass vnd tranck / vnd stund auff

und gieng dauon / Also verachtet Esau seine Erstgeburt.«
Der Titel *Esaus Sehnsucht* war eine Anspielung auf Ernst Jünger. Dieser mißinterpretierte absichtsvoll die biblische Geschichte dahingehend, daß Esau das Deftige dem Raffiniertem vorgezogen habe.
Der neue Titel funktioniert anders, nimmt nur Bezug auf den alten (der dritte Band, vielleicht aus dem Nachlaß, soll *Esaus Ende* heißen, pflege ich zu witzeln), nicht aber auf dessen Hintergrund: Jetzt identifiziere also ich mich mit Esau, was mir nicht schwerfällt, ist er doch die weitaus sympathischere Gestalt als sein erfolgreicher Bruder. Esau, vazierender Jäger, Liebling seines Vaters, stark behaart (in Matthias Stomers Bild *Esau bittet Jakob um das Linsengericht* mit rötlichem Bartwuchs), wird von Mutter und Bruder betrogen, ist auch zunächst entschlossen, Jakob zu töten, erweist sich aber letztlich, als Jakob zwanzig Jahre nach seiner Flucht zu Laban nach Hause zurückkehrt, als freundlicher und friedlicher Mann; nur die wie so oft dümmere außerbiblische Überlieferung läßt Esau in einem von ihm angezettelten Krieg gegen Jakob umkommen. Und Paulus nennt ihn im Hebräerbrief einen »Hurer und Gottlosen«, was ich keine so schlechte Reputation finde angesichts des rigiden Glaubens, den Paulus vertritt.
Das Wort *Erfüllung* bezieht sich darauf, daß ich in dem Zeitraum, da dieses Buch entstand (Herbst 1994 bis Sommer 1995) die bis dahin günstigsten Voraussetzungen hatte, meinen kulinarischen Inter-

essen nachzugehen: verschiedene Aufträge für Zeitschriften und Beiträge in Büchern ergaben nützliche Synergiemöglichkeiten mit diesem Projekt. Hiermit danke ich all denen, die es bewußt oder unbewußt auf diese Weise unterstützt haben.

Bregenz, im Juli 1995

Hail to thee snitzel
and you wurstl con crauti
forza Luciano Gamberoni e tutti i provoloni
mein ist das suppngrün
spricht der herr witzigmann ...

(Aus einem Gedicht von Axel Maria Marquardt)

Man muß sich die Latte hoch legen, wenn man übers Essen schreibt, also bei Brillat-Savarin, nicht bei Vaerst. Und dann versuchen, beim unvermeidlichen Reißen wenigstens ein bißchen Anmut und Würde zu zeigen.

Das ist notwendig, weil wir uns alle auf Belsazars Fest befinden und die Augen nicht vor der Schrift an der Wand verschließen sollten. Sie besagt, daß die noch möglichen Verbesserungen der Agrartechnik angesichts der Begrenztheit von Boden und Wasser nicht ausreichen können, die für 2050 zu erwartenden zwölf Milliarden Menschen zu ernähren. Unterschrift: Malthus.

Die Zukunft bringt Hungersnöte und Wasserkriege. In dieser Situation ist es ein nahezu unmöglicher Balanceakt, als Armchair-traveller kulinarische Reisebeschreibungen zu liefern, die nicht Schmetterlinge im Magen erzeugen.

Wie es nicht geht, kann man bei Montaigne nachlesen.

»Mein Thema paßt auch auf einen Italiener, dem ich vor kurzem begegnet bin, er war beim Kardinal Caraffi bis zu dessen Tode als Haushofmeister beschäftigt gewesen. Ich bat ihn, mir etwas über dieses sein Amt zu berichten. Da hat er mir einen langen Vortrag über diese Maulwissenschaft gehalten, so feierlich und dozierend, so als wenn er ein tiefes theologisches Problem zu behandeln gehabt hätte. Zum Beispiel hat er mir aufgezählt, was für verschiedene Appetite es gibt, etwa vor dem Essen und nach dem zweiten oder dritten Gang; dann, wie man diese verschiedenen Arten Appetit in Rechnung stellt; einmal soll es nur gut schmecken, ein andermal appetitanregend, und dann wieder appetitreizend sein; dann kam die Politik der Soßen; erstens Soßen im allgemeinen; zweitens die Zutaten im besonderen, wie sie einzeln beschaffen sein müssen und wie sie auf das Ganze der Soße wirken; es folgte das Kapitel über die Salate und ihre Unterarten, eingeteilt nach Jahreszeiten, oder danach, ob sie warm oder kalt serviert werden müssen, schließlich danach, wie sie äußerlich hergerichtet und für das Auge lockend gestaltet werden können. Hiernach verbreitete er sich über die äußere Ordnung der Mahlzeiten: Decken, Reihenfolge der Gänge usw., wieder durchsetzt mit schönen und tiefen Sprüchen; und das alles in einer aufgeblasenen, hohen und großartigen Sprache und mit Benutzung derselben Ausdrücke, die am Platze sind, wenn man über die Regierung eines Reiches spricht ...«
Was den Inhalt der Rede des Haushofmeisters von

Kardinal Caraffi betrifft, klingt das ja gar nicht so übel, Montaigne stößt sich mehr an der Form. Was hätte er wohl geschrieben, wenn er auf einer unserer Speisekarten »Dialog von Karotten- und Spargelcrèmesuppe« gelesen hätte!

Irische Impressionen: Hervorragende Meeresfrüchte (ich habe nie bessere Miesmuscheln gegessen als in Galway, bessere Velvet Crabs als in Baltimore und bessere Austern als in den *English Markets* von Cork), und schrecklicher englischer Fraß in den Pubs. Die Restaurants führen teilweise sehr gute Weine, haben aber keine Ahnung, wie man sie kredenzt. Auch in Nobelrestaurants weiß man zwar gerade noch, daß der Gast probieren will, aber sein Urteil wird erst gar nicht abgewartet, sondern schon rundum eingeschenkt, während er gerade erst die Nase prüft.

Bei einem Chinesen in Skibbereen mit köstlichem Essen war man überfordert, als ich Stäbchen verlangte; es gab zwar welche, aber der Reis kam auf einem flachen Teller, und eine Schale erhielt ich erst auf Aufforderung, weil es anscheinend völlig unüblich ist, nicht das massive Silberbesteck zu verwenden.

In den *English Markets* aßen wir sehr gut, weil man da rundum an den Marktständen einkaufen und die Sachen zu Seans Café bringen kann, wo man Besteck, Brot etc. bekommt. Da die Bantry-Bay-

Austern sehr groß sind, nahmen wir bloß vier Stück. Als ich bezahlte, sah der Fischhändler sein Lehrmädchen fragend an - offenbar hatten sie nie zuvor eine so geringe Menge Austern verkauft -, um dann eineinhalb Pfund, also etwa 25 Schilling zu kassieren. Zum Dessert versuchte ich Seans für Allergiker gedachte Ziegenmilcheiskrem - lecker!

Beim Heimflug mit Air Lingus saß eine Schnake außen an der Plastikhülle des Flugzeugmenus, Ingrid gab die Packung aus einem Reflex heraus zurück (»There is an animal«), der Stewardess grauste es offensichtlich, sie entschuldigte sich sofort ausführlichst, aber wir winkten ab: macht ja nichts. Nach dem Essen kam sie mit einem Formular: Wir sollten es doch bitte ausfüllen und uns beschweren. Wir sagten, die Sache sei den Aufwand nicht wert. Die Stewardess einigte sich mit Ingrid darauf, daß das Tier *neither dirty nor dangerous* gewesen sei, und verzog sich wieder, um ein paar Minuten später zurückzukehren: Ob wir uns nicht doch beschweren wollten? Nein, wollten wir nicht. Daraufhin kam die Oberstewardess (oder wie ihr Titel lautet) und bat uns um Namen und Adresse, um in der Sache »etwas unternehmen« zu können. Wir wimmelten sie ab, indem wir darauf hinwiesen, daß wir ständig Schnaken in der Küche hätten, wenn das Fenster zum Garten offen sei, und daß sie uns vollkommen gleichgültig seien, und sie verzog sich wieder. Da sich inzwischen bei uns der Verdacht verdichtet hatte, daß die Fluggesellschaft die Cateringfirma verklagen wollte und dazu unsere Beschwerde brauchte, überlegte ich, ob ich mich als Mitglied der Gesellschaft zur Rettung bedrohter Tiere ausgeben und einen Lokalaugenschein verlangen sollte, daß die Schnake noch bei guter Gesundheit war, aber die Stewardessen - inzwischen weit lästiger als alle Schnaken - hatten mittlerweile resigniert.

Mittagessen in Bouleys *Waldhorn* in Ravensburg: Normalerweise tue ich mir schwer mit der Auswahl, weil immer dieselben Sachen auf der Speisekarte stehen und mir die Lammrücken in Kräuterkruste und Kaninchenkeulen an kleinem Gemüse allmählich zum Hals heraushängen; bei Bouley ist es umgekehrt, seine Karte ist zwei Seiten lang und es ist nicht ein einziger Vorschlag darauf, der nicht aus dem einen oder anderen Grund interessant wäre. Da fällt die Wahl schwer.
Ich entschied mich dann nach langem Hin und Her für eine Vorspeisenkombination von Meeresfrüchten mit Dim Sum und für Ente als Hauptgang, probierte auch von Ingrids Tellern und wurde einmal mehr in meiner Überzeugung bestätigt, daß Albert Bouley für meinen Geschmack der interessanteste Koch in Deutschland ist.

Endlich wieder Trüschen auf dem Markt, das Kilo zu 80 Schilling. Gedankt sei Gott für die Dummheit der Leute, die es graust, wenn sie diesen Fischen auf die schleimigen aalförmigen Körper und in die kleinen goldenen Augen schauen, ich ließ mir das hervorragende weiße Fleisch schmecken!

Seit ich angefangen habe, Rezepte im Computer zu sammeln - was bedeutet, daß ich sie abschreiben muß - sehe ich erst so richtig, daß es nicht einmal im Tagesjournalismus solche Zeilenschinder gibt wie bei den Kochbuchautoren. Oder hält es jemand wirklich für nötig, bei jedem Rezept immer wieder von neuem zu schreiben: *frisch gemahlener* weißer Pfeffer, Tomaten *schälen und entkernen*, Knoblauch *schälen* etc.

Der Computer ist das richtige Instrument für Rezeptsammlungen. Man kann es nämlich nicht vermeiden, Kochbücher anzupatzen, wenn man sie unmittelbar in der Küche verwendet, und so werden sie sehr schnell unansehnlich. Ich schreibe die mich interessierenden Rezepte zunächst einmal wörtlich ab und drucke sie dann auf Konzeptpapier aus. Das kann dann in der Küche ruhig verdrecken, ich werfe es ohnehin nach Gebrauch weg. Die Anmerkungen nach jeder Zubereitung schreibe ich wieder auf Diskette, und so entsteht allmählich ein ebenso blitzblankes wie individuelles Kochbuch.

Eine kulinarische Woche in Wien.

Montags wollte ich im *Plachutta* eine Fledermaus bestellen, es gab aber keine. Es handelt sich dabei um ein Stück von der Hüfte des Rindes, dem seine Form den Namen gibt. Es ist marmoriert und wird nicht von jedem Allerweltstafelspitzesser geschätzt, deshalb ist es wohl wieder aus dem *Plachutta*-Angebot verschwunden. Ich nahm stattdessen den Lueger-Topf, bei dem Kruspelspitz, Zunge und Kalbskopf in der Suppe liegen, und war zufrieden. Das *Plachutta* bemüht sich um die Wiener Rindfleischtradition, bietet aber als Konzession an zeitgenössische Business-Gewohnheiten auch ein Filet mit Krabben an, wobei die »Krabben« natürlich Shrimps sind.

Am Dienstag war ich zu einem siebengängigen Diner zur Präsentation von Christoph Wagners Buch *Alles was Gott erlaubt* in *Niky's Kuchlmasterei* eingeladen. Man gab sich biblisch, aber nicht sehr konsequent, die damals üblichen gerösteten Ameisen im Brot hatte man weggelassen, der Wein war durchgegoren, und man aß auch nicht mit den Fingern. Dafür hielt der Kaplan Paterno eine Rede, in der er das Christentum gegen den Vorwurf der Menschenfresserei verteidigte. Recht so! Wir aßen ja auch statt Lamm Ämirstan einen gefüllten Lammbaron.

Mittwochs fastete ich mittags beinahe, nahm nur das Sushi Special im *Toko-Ri*, gut wie immer. Abends fastete ich nicht mehr, sondern ging zu *Mraz & Sohn* (mein Wiener Stammlokal) und hoffte auf Krause Glucke oder Katzengschrah, mußte aber mit Ochsenschwanzterrine und Das Beste vom Kalb (Filet, Niere, Bries) vorliebnehmen: auch nicht schlecht. Warum ich zu *Mraz* gehe: Weil es die dort in der Wallensteinstraße kalt läßt, daß sie keine Haube haben (keine metaphorische natürlich, textile haben sie schon in der Küche mit dem Niedertemperaturofen, in dem beispielsweise die Leber unvergleichlich lecker wird). Mit ihrer Speisekarte und ihrer Qualität müßten sie in Vorarlberg auf Anhieb zwei kriegen.

Donnerstags kam ich nach einem Besuch der Mapplethorpe-Ausstellung im Kunsthaus beim *Steirereck* vorbei und ging hinein. Ein bisserl war das ein Test: Ich trug ein geringeltes Leiberl, darüber eine grüne Kampfjacke, deren Nähte ausschauen, als hätte ich sie verkehrt an, und aus meiner verkrumpelten Tasche lugte ein Buch mit dem interessanten Titel *Zecken, Milben, Fliegen, Schaben*. Ganz perfekt cool waren die Herren am Entrée nicht, der Maitre d' (ich mag diese amerikanische Bezeichnung, weil sie so schön blöd ist) ließ seinen Blick doch von oben nach unten über meinen Aufzug wandern, sagte dann aber nichts, und er setzte mich auch nicht an einen Katzentisch. (Übrigens versuchte später direkt vor mir ein Mädchen sich seiner Unterhose zu entledigen, es war allerdings zwei Jahre alt und wurde von seiner herbeigeeilten Mama gleich eingebremst.) Wenn ich *nicht ganz perfekt* sage: Ich bin nach vielen Jahren immer noch beeindruckt von jenem Luxemburger Lokal in etwa derselben Kategorie, wo ich auf Grund einer Autopanne in noch weit schäbigeren Reiseklamotten in Erscheinung trat, aber nicht einmal diesen *einen* schnellen prüfenden Blick erntete. Das nenne ich Weltläufigkeit.

Aber reden wir vom Essen, das Menu kostete 850 Schilling, und dafür gab es eine sehr ordentliche Portion Ossietra, einen halben Hummer und, als Hauptgang, Wildente, danach Käse und eine Süßspeise. Das ist es, was der Gault-Millau-Guide '94 meint, wenn er vom »Restaurant mit dem fairsten Preis-Leistungs-Verhältnis der Stadt« spricht. Für 550 Schilling Aufzahlung bekam man zu jedem Gang einen passenden Wein bzw. zum Sorbet Sekt (von Lanson). Daß die Rechnung dann wegen Bier, Couvert und Kaffee um 130 Schilling höher war, irritierte mich allerdings ein wenig. Ich fände es zumindest psychologisch gescheiter, gleich 1500 zu verlangen, dafür aber Unumgängliches wie Gedeck und Espresso einzurechnen.

Ein Grund für meinen Besuch im *Steirereck* war, daß ich das angeblich beste Lokal Österreichs mit dem *Waldhorn* vergleichen wollte. Fazit: Die beiden Meister halten sich bei unterschiedlicher Linie die Waage, Helmut Österreichers Küche ist ebenso makellos wie die des Deutschen, nur ist halt das *Waldhorn* knappe dreiviertel Autostunden von mir entfernt, und das Wiener Restaurant mindestens sieben.

Am Freitag gingen wir ins *Tokyo*, ich nahm das Meeresfrüchtemenu und dachte beim ersten Blick in die Miso-Suppe, die Japaner hätten einen Weg gefunden, die weißen Tofu-Würfel mit gestochen scharfen schwarzen Buchstaben zu bedrucken; dann glaubte ich, sie täten jetzt Glückszettel hinein wie die Chinesen in die kleinen Kuchen (z. B. »The cook spit in your food«); aber zuletzt war es doch nur eine leere Zahnstocherhülle. Die herbeigerufene Bedienung kommentierte meinen Fund lediglich mit »Mhm«, was ich ein bißchen wenig fand, sie hätte zum Beispiel sagen können: »Ah, da ist es ja, wir haben es schon so lange gesucht!« oder »Und wo ist der Zahnstocher? Den setzen wir ihnen auf die Rechnung, wenn er nicht auftaucht!« oder sonst etwas Originelles. Die Meeresfrüchte waren übrigens okay, und das Menu ist nicht teuer.

In diesem Herbst gibt es eine Welle von Büchern über Ernährungswissenschaft. Ich greife fünf Titel heraus:

Thomas Weiss: *Krank im Schlaraffenland* bei Kösel kommt mir recht seriös und auch etwas langweilig vor und bietet eine Liste von *Zehn Regeln für Ihr Wohlbefinden*, von denen mittlerweile wohl jeder sagen kann: Das wußten wir eigentlich schon. (Viel Gemüse, wenig Alkohol, Fleisch nur einmal pro Woche, nicht mehr als 20 bis 30 Prozent Fett usw. Ehrlich: Ist das neu für Sie?)

Michel Montignacs schon im Vorjahr erschienenes Buch *Essen gehen und dabei abnehmen* gehört hierher, weil es sich ja mit seinem Fachlichen Anhang I und II ebenfalls wissenschaftlich gebärdet. Montignac ist ein Gläubiger des glykämischen Index, der für ihn

beinahe alles erklärt. Sein Ansatz ist aber nicht uninteressant, die Lektüre lohnt sich durchaus.
Eher kurios finde ich Jean Carpers *Wundermedizin Nahrung* (Econ). Das Buch liest sich wie eine Kompilation zahlreicher Zeitungsartikel, die mit »Amerikanische Wissenschaftler haben jetzt entdeckt...« anfangen. Das liegt wahrscheinlich daran, daß es auch nicht viel mehr ist (natürlich kommen auch japanische, norwegische, deutsche und englische Wissenschaftler vor). Wer eine solche Materialsammlung brauchen kann, ist gut bedient, weil sie ein ordentliches Quellenverzeichnis enthält. Wegen der vielen kurzen Abschnitte von geringer Kohärenz empfiehlt sich das Buch als Klolektüre.
Lebensmittel richtig kombinieren von Jan Dries und seiner Tochter Inge (Verlag Walthausen) propagiert eine reformierte Trennkost. Im Vorwort liest man den erstaunlichen Gedanken: »Über viele Jahre war die Trennkost nach Dr. Hay eine geschätzte Ernährungsform. Und viele Menschen richten sich immer noch danach, obwohl die Wissenschaft inzwischen weiter fortgeschritten ist und viele neue Erkenntnisse gewonnen hat. Auch die Erfahrungen von Dr. Shelton in den fünfziger Jahren, daß man nicht nur getrennt, sondern auch kombiniert essen kann, gehören zu den Pionierleistungen der Ernährungsphysiologie.«
In den im Hauptteil abgedruckten Listen schwerverdaulicher Kombinationen findet man nahezu alle gängigen Küchenstandards: Huhn und Reis, Käse und Spaghetti, Fisch und Kartoffelkroketten,

Reis mit Currysauce, Huhn mit Ananas, Wurst mit Sauerkraut, Hering in Essig, Nüsse mit süßem Obst, Schokolade, Fleisch mit Apfelmus, Speck mit Ei, Käse und Nüsse; und auf Seite 111 erfährt man: »Das beste Beispiel einer schlechten Lebensmittelkombination ist Müsli. Es gibt kaum ein Essen, bei dem so viele Kombinationsfehler gemacht werden. (...) Müsli ist schlichtweg schädlich.« Wo bleibt die Forderung nach dem Aufdruck: »Der Bundesgesundheitsminister warnt: Müsli kann Ihre Gesundheit gefährden!«?

Was man stattdessen essen soll, erfährt man in den das Buch abschließenden 200 Rezepten, z. B: »Pariser Kartoffeln (für zwei Personen). 500 g dicke Kartoffeln schälen und mit einem Messer das Fruchtfleisch herausstechen. Das Fruchtfleisch halbgar kochen, abtropfen lassen und goldbraun fritieren.« Ja, das Rezept ist schon zu Ende.

Ähnliche Ansichten wie die oben über Müsli geäußerten vertritt auch mein Favorit unter diesen aufrechten Fünf: *Prost Mahlzeit! Krank durch gesunde Ernährung* vom Autorenteam Pollmer-Fock-Gonder-Haug, bei Kiepenheuer & Witsch. *Das* Weihnachtsgeschenk für alle Gesundbeter, Müslimanen und Lipidsenker-Apostel. Es beginnt mit Einzelaufklärungen über Kalorienzählen (idiotisch), Vitaminpräparate (Quatsch) und Cholesterinangst (Nonsense) und endet folgerichtig mit dem Ratschlag, Nährwerttabellen, Diätratgeber und Vitaminpillen ohne schlechtes Gewissen auf den Müll zu werfen.

Na ja, ich halte es schon lange zumindest beim Es-

sen mit dem Spruch des Alten vom Berge: Nichts ist wahr, alles ist erlaubt.
Pflichtlektüre für jeden einschlägig Interessierten sollte das 4. Kapitel von *Prost Mahlzeit!* werden, das sich mit den Abwehrmaßnahmen der Pflanzen gegen ihre Freßfeinde (darunter natürlich auch der Mensch) beschäftigt. Als Beispiel dient die Kartoffel und ihr Arsenal von chemischen Abwehrstoffen, das von der Blattlaus bis zum Primaten unerfreuliche Wirkungen streut. Andererseits gibt es Nahrungsmittel, die »Iß mich! Iß mich!« rufen (und ich meine jetzt nicht die dünnen Stimmen, die aus dem Kühlschrank dringen, wenn der Nachtfresser vorüberstreift): Früchte und Samen, die durch Verzehr, Verdauung und Ausscheidung vertragen werden. Pollmers wesentlicher Punkt: Das Getreide gehört da natürlich nicht dazu, es will nicht gegessen werden, und unternimmt deshalb allerlei, was von den Zähnen bis zum Darm Ärger macht. Der Mensch hat sich dagegen freilich auch etwas einfallen lassen, das raffinierte Auszugsmehl nämlich, den Großen Satan aller Vollwertesser.
Die Küche der Naturvölker dient laut Pollmer et al. weniger der Geschmacksverbesserung, sondern in erster Linie der Entgiftung der Nahrung.

Bei *Migros* gibt es jetzt offenbar überhaupt keine Vongole mehr, nachdem ihr Preis im Laufe weniger Jahre auf nahezu das Vierfache geklettert war; in Wien fand ich im *Asia-Shop* die eine Zeitlang verschwundenen Akebono Scallops (= Hotate Kaibashira Mizuni = gekochte Jakobsmuscheln) wieder, die ich früher gern zum Preis von 68 Schilling pro Dose gekauft hatte, weil sie sehr fein schmecken. Das tun sie immer noch, aber jetzt kostet die Dose mit der halben Nettoeinwaage das Doppelte. Offenbar hätte man rechtzeitig in Muscheln investieren sollen.

Ein paar Anmerkungen zur Tierquälerei: Ich widme diesem Thema einen eigenen Abschnitt, um jenen, die ihn lieber überblättern wollen, das zu ermöglichen.

Der Vorwurf der Tierquälerei wird dem Gourmet regelmäßig gemacht, mit immer denselben Beispielen: Froschschenkel, Gänseleberpastete, Krebse.

Es gibt für die moralische Seite der Sache keine Richtschnur im üblichen Sinne. Die Natur liefert wie üblich bei moralischen Fragen kein Vorbild, die Tiere fressen einander mit einer Brutalität, gegen die sich verschiedene asiatische Zubereitungsmethoden immer noch relativ »human« ausnehmen. Wer einmal zugesehen hat, wie endlos lange eine Schlange braucht, um sich einen kleinen Säuger einzuverleiben, weiß, was ich meine. Da sie keine Zähne zum Zerbeißen hat, muß sie ihn langsam, langsam verschlucken, und er lebt immer noch, wenn er die Reise in das Innere der Schlange schon angetreten hat und die Verdauungssäfte auf ihn eintröpfeln. Eine ganze Anzahl von Tieren versorgt die eigene Nachkommenschaft, indem sie Beutetiere partiell oder völlig lähmt, und die Jungen ihren lebenden

Nahrungsvorrat dann sukzessiv genau so auffressen, daß er möglichst lange am Leben bleibt, während ihm Stück für Stück seines Körpers abhanden kommt ...

Auch die Religionen (außer dem Buddhismus) bleiben uns zum Thema Tiere Antworten schuldig, das ist in anderen Zusammenhängen schon so oft bemerkt worden, daß ich mich damit nicht lange aufhalten will.

So bleibt es dem persönlichen Empfinden vorbehalten, wie weit man gehen will.

Die Gänseleberpastete schmeckt nicht übel, ist aber nur in sehr guter Qualität eine wirkliche Delikatesse, und vielleicht macht ihr die Fetthysterie doch noch den Garaus: dann hätte diese Narretei immerhin ein Gutes gehabt.

Der italienische Arzt und Schriftsteller Ceronetti merkt dazu in *Das Schweigen des Körpers* an: »Fegato (Leber) stammt vom spätlateinischen *ficatum* her, denn man mästete Gänse, die fette Lebern liefern sollten, mit einer speziellen Kost auf der Basis von Feigen (ficus). So hat ein edles Organ (vielleicht das edelste von allen; über das Gehirn kann man streiten) seinen Namen von einer antiken Bosheit des Menschen erhalten. Ein Blutspritzer haftet auf dem Ursprung alles Menschlichen.«

Wer Muscheln essen möchte, muß sie wohl oder übel ins kochende Wasser werfen und sich damit beruhigen, daß sie ja nun wirklich sehr schnell sterben. Auch die Krebse tötet man so, mit oder ohne vorherige Betäubung (ein Betäubungsmittel muß

man natürlich nachher mitessen). Das scheinen mir zwei vertretbare Sachen zu sein, nicht deshalb, weil diese Tiere keine Lautäußerungen haben und nur ganz kurz oder gar nicht sichtbar zappeln, sondern weil es praktisch keine andere Möglichkeit gibt, sie zu töten. Wer das nicht mit seinem Gewissen vereinbaren kann, mag es sein lassen, sollte aber anderen keine Vorschriften machen.
Wir wissen wenig über das Schmerzempfinden niederer Tiere. Insekten scheinen keine Schmerzen zu haben, wie man an Schaben sehen kann, die eine an einem ihrer Beine auftretende Wunde zu lecken beginnen und sich dabei gelegentlich das ganze Bein abfressen, ohne zu bemerken, daß sie sich selbst verzehren.
Fische sind stumm, allerdings nur außerhalb ihres Elements; im Wasser verfügen sie über eine Reihe von Lautsignalen, wie jeder Taucher weiß. An Land zappeln sie »nur«, und ihre starre Physiognomie verrät nichts von ihren möglichen Gefühlen. Trotzdem macht man sich seine Gedanken.
Das 1985 in Mailand erschienene Buch *Piatti di Mare* von Antonio Piccinardi empfiehlt, lebenden Schleien zehn Minuten lang Essig einzuflößen (ein Foto zeigt, wie man den Fisch dabei hält, während man ihm mit einem Löffel den Essig aufzwingt). Die Redaktion der deutschen Ausgabe konnte sich hier doch eine Anmerkung nicht verkneifen: »Statt den lebenden Fischen durch Einflößen von Essig den Schlammgeschmack zu nehmen, sollten sie besser einige Tage in klarem, fließendem Wasser gehal-

ten und anschließend getötet werden.« Auch zu den Strandkrabben hat Piccinardi ein südländisches Verhältnis: »Die noch lebenden Strandkrabben ganz vorsichtig waschen und abtropfen lassen. Die Eier in einer großen Schüssel verschlagen und salzen. Strandkrabben hineingeben und die Schüssel mit einem großen Deckel verschließen. Alle zehn Minuten durchmischen. Nach zwei Stunden haben die Tiere die Eier aufgenommen und sind tot.« Auch hier distanzierte sich die deutsche Redaktion.

Im Gegensatz zu der üblichen Tötungsmethode für niedere Tiere (also dem schnellen Kochen) stehen die völlig unnötigen Quälereien an Säugern oder Vögeln, über die man eigentlich nicht reden muß: Sie gehören so schnell wie möglich abgeschafft, und wenn man durch Boykott etwas dazu tun kann, wird man es sofort tun. Man muß zur Gewinnung von Froschschenkeln nicht mit der Maschine dem Frosch den halben Hinterleib abschneiden und ihn dann lebend zum Abfall werfen. Wenn das so gehandhabt wird, ißt man eben keine Froschschenkel, da braucht es keine Debatte.

Jeder weiß Bescheid über die Greuel »moderner«, industrieller Tierhaltung und über die Zustände bei Tiertransporten. Auch das sind Dinge, bei denen es keine zwiespältige Haltung gibt und folglich auch keine Diskussion.

Es gibt allerdings das Verdrängen: ich denke an eine ältere Frau, die mir erst ihr Entsetzen über eine einschlägige Sendung im Fernsehen ausdrückte und unmittelbar danach sehr erfreut von einem besonders günstigen Kalbfleischangebot im Supermarkt berichtete.

Es sind ganz sicher nicht die Gourmets, die dafür verantwortlich sind, daß beispielsweise Schweine extrem artwidrig gehalten und auf brutalste Art geschlachtet werden (selbst die Elektrobetäubung mit 320 Volt - meist werden nur 220 verwendet - versagt angeblich in einem Achtel der Fälle, so daß die Tiere zwar gelähmt, aber bei vollem Bewußtsein abgestochen werden). Hühner werden mit den Beinen in die Bügelkette der Schlachtstraße geklemmt und fahren dann, mit dem Kopf nach unten, in ein Wasserbassin, in dem sie elektrobetäubt werden. In der nächsten Maschine trennen ihnen rotierende Messer die Köpfe ab. Laut Untersuchung verlieren in EU-Schlachthöfen 38 Prozent der Hühner nicht das Bewußtsein und geraten zum Teil sogar noch lebend in die Rupfmaschine. Der Kenner geht solchem Fleisch so weit wie möglich aus dem Weg.

Nebenbei bemerkt, kommen solche Greuel (von denen der Konsument nichts erfahren soll) nicht nur beim industriellen Schlachten, sondern in anderer Form durchaus auch auf dem Bauernhof vor. Weil's billiger kommt, wird da und dort ein Ochse mit der Axt erschlagen, was auch keine sanfte Methode ist - vor allem, weil sie meist nicht auf Anhieb klappt. Man hat also nie die Garantie, daß das Tier, dessen Fleisch man auf dem Teller hat, auf eine Art zu Tode gekommen ist, an die man denken kann, ohne den Appetit zu verlieren. Bleiben noch die vorhin erwähnten asiatischen Methoden: In

Korea häutet man Hunde lebend oder schlägt die aufgehängten Tiere mit Eisenstangen, um ihr Fleisch mürbe zu machen (während der Olympischen Spiele in Seoul war Hund auf der Speisekarte übrigens untersagt; sonst verzehrt man zwei Millionen pro Jahr); die Chinesen trinken Blut aus frisch aufgeschlitzten Schlangen und löffeln das Gehirn aus einem in einem Tisch fixierten lebenden Affen, dessen Schädelkalotte abgesägt wird (offiziell ist dieses Festmenü mittlerweile verboten), in Japan hat man Schneidemethoden entwickelt, die es gestatten, einen Fisch lebend zu filetieren und so besonders »frisch« als Sashimi auf den Tisch zu bringen.

Das ist die Spitze des Eisbergs, und man soll sie nicht mit Sprüchen wie »Andere Länder - andere Sitten« entschuldigen. Aber bevor man etwas über die asiatische Grausamkeit verzapft, sollte man sich daran erinnern, daß der sensible Charles Lamb noch 1823 in der *Abhandlung über Schweinebraten* schrieb (manche halten es für Satire, ich kann das nicht so klar erkennen):

»Unsere Vorfahren waren wählerisch in der Art, wie sie ihre zarten Schweineopfer darbrachten. Daß Schweine zu Tode gepeitscht wurden, lesen wir mit einem ähnlichen Schauder, wie wir ihn bei anderen veralteten Bräuchen empfinden. Die Zeiten der Züchtigungen sind vergangen - doch wäre es merkwürdig zu erforschen (nur in philosophischem Lichte), welche Wirkungen die Prozedur auf die Lieblichkeit eines Stoffes haben mag, der von Natur

so mild und süß ist wie das Fleisch junger Schweine. Es wäre das Verfeinern eines Veilchens. Obwohl wir die Unmenschlichkeit verdammen, empfiehlt sich doch Vorsicht, wenn es darum geht, die Klugheit einer Übung zu beurteilen. Sie könnte vielleicht einen neuen Geschmacksreiz hervorbringen ... Ich erinnere mich an eine These, die von uns jungen Studenten in St. Omer mit viel Gelehrsamkeit und Witz heiß umstritten wurde: Vorausgesetzt, daß der Geschmack eines Schweines, das seinen Tod durch Peitschen *(per flagellationem extremam)* erlitt, dem Gaumen eines Menschen größeres Vergnügen bereitet als jedes mögliche Leid, das wir damit dem Tier zufügen, ist dann der Mensch im Recht, dieses Verfahren zu benutzen, um das Tier zu Tode zu bringen?
Ich habe den Ausgang des Streites vergessen.«

Heuer ist ein gutes Jahr, um mit Steinpilzen zu experimentieren: es gibt geradezu unglaubliche Mengen. Meine bisherigen Experimente haben allerdings nichts daran geändert, daß sie mir nach wie vor als Lasagnefüllung am besten munden.
Mit Experimentieren meine ich: ein möglichst simples Rezept hernehmen, zum Beispiel Carluccios *Zuppa di fagioli e porcini*, und Variationen durchspielen: verschiedene Bohnensorten (Carluccio nimmt Borlotti), frisch, getrocknet oder konserviert, in den möglichen Kombinationen mit frischen und getrockneten Pilzen, verschiedene Köchelzeiten und damit unterschiedliche Eindickungsgrade, usw.

Ich hatte übrigens vor, irgendwann ein Pilzkochbuch zu schreiben, das dünn und konzis ausfallen sollte, weil ich glaube, daß nicht viele Pilzarten wirklich in Frage kommen, wenn das Gericht nicht nur genießbar, sondern auch wohlschmeckend sein soll, und es im Grunde auch nur wenig wirklich unterschiedliche Zubereitungsmöglichkeiten gibt (manche Pilzkochbücher werden gestreckt, indem bei jeder Pilzsorte von neuem geschildert wird, wie man sie mit Zwiebeln und Petersilie brät und mit Salz und Pfeffer würzt). Die Arbeit kann ich mir jetzt ersparen, das Buch ist gerade erschienen: *Mit Pilzen* von Renate Zeltner, bei Gräfe und Unzer in München. Es beschränkt sich auf dreizehn Arten Pilze und gibt jeweils zwischen zwei (z. B. für Hallimasch, Herbsttrompete, Parasol) und sieben (für Herrenpilz und Champignon) Rezepte an.

Gasthaus *Hörnlingen* in Rankweil: Die sauren Kutteln kosten 28 Schilling (ein gestrichener Suppenteller voll), das Kesselfleisch 68, das Schnitzel mit Salat und Beilagen 75. (Zum Vergleich: Kutteln kosten derzeit anderswo um die 70 Schilling (in der Schweiz immer über 100), das Schweinsschnitzel mit Salat beispielsweise in einem ganz unprätentiösen Gasthaus in Gaißau 135.)
Eingetippt wird in eine alte National-Registrierkasse, bei der die Schilling-Einer- und -Zehnerstellen eigene Tasten haben, die Groschen ebenfalls, und es auch noch eine 5-Groschen-Taste gibt. Beträge über 100 Schilling muß man in 99 und den Rest zerlegen

und zweimal tippen, aber das wird ja wohl nicht der Grund dafür sein, warum man auf der Speisekarte fast nichts Dreistelliges findet.
Das Essen schmeckte sehr gut, mein Kesselfleisch sowieso, aber auch Ingrids Gebackene Leber, gegen die ich am Sonntagabend meine Bedenken hatte (geschlachtet wird meines Wissens am Montag), erwies sich als tadellos.

In einem Artikel über Süßwasserfische im Oktober-*Feinschmecker* lese ich über Brachsen, sie eigneten sich »gut zum Braten, Grillen und insbesondere zum Räuchern« und seien »eine beliebte Zutat zu Fischsuppen«. Auch ein Rezept wird mitgeliefert: Brachse in Bier mit Meerrettich.
Was mich daran interessiert: In der Küche meiner Großmutter gab es seinerzeit eigentlich nur Brachsen (die vermutlich damals die billigsten Fische waren), mir haben sie immer geschmeckt, und letztes Jahr stand ich dabei, als der Fischhändler am Markt zu einer Kundin sagte: »Brachsen? Haben wir keine. Die essen ja nicht einmal mehr die Türken!«
(Es war übrigens derselbe Fischhändler, der einer alten Dame, die nach Stockfisch fragte, erwiderte: »Stockfisch? Führe ich nicht mehr, das verlangt ja niemand, bloß die alten Weiber wollen das immer noch haben.«)

Wie ein Schwein leben und wie ein Hund krepieren, das wär' schon immer mein Wunsch gewesen.
»Der Lebenskünstler und der Feinschmecker wissen, daß man ein Schwein sein muß, um Trüffeln zu finden.« Diese Meinung de Sades wäre mir schon Argument genug, dazu kommen aber noch die Ähnlichkeiten zwischen Schwein und Mensch, die zwar meistens nicht so äußerlich sind wie die von Affe und Mensch, dafür aber umso wesentlicher: beide sind unreine Tiere, nämlich Allesfresser. Die Verächter des Schweins unter den Menschen werfen ihm vor, daß es nicht nur im Dreck herumsitzt (während wir zum Schutz unserer ebenso rosigen Haut Kleidung und Sonnencreme erfunden haben), sondern ihn auch frißt. Es handelt sich hierbei übrigens um das metaphorische Schwein, nicht um das reale, das es sehr wohl vermeidet, in die eigene Suhle zu scheißen, und allemal lieber weiße Rüben als fremde Fäkalien verzehrt.
Was rede ich vom Schwein, wenn es doch um das Schlaraffenland gehen soll? Ein Übergang wäre leicht zu finden, heißt es doch schon in der mittelalterlichen irischen Erzählung vom Land Cokaygne (der Nahezu-Gleichlaut mit Kokain ist reiner Zufall), daß man sieben Jahre lang bis zum Kinn durch Schweinemist waten müsse, um es zu erreichen.
Aber zuerst muß ich noch sagen, warum ich wie ein Hund krepieren möchte: Ich denke dabei an einen räudigen, dreibeinigen Hund in einem südlichen Land, der die ihm zugemessene Zeit damit ver-

bracht hat, durch die berauschenden Geruchswelten von Fischmärkten, Hundsföttern, wildem Thymian und schwitzenden Touristen zu streunen und an einem schönen, sonnigen Nachmittag irgendwo im kühlenden Schatten tot umfällt. Das meine ich. Nicht im High-Tech-Krankenhaus, als organischer Rest in einer großen Maschinerie.

Männer, die in Stiefeln sterben (Frauen in Stiefeletten).

Zurück zum Land Cucania, von dem die Etymologen nicht so genau sagen können, ob es das Kuchen- (von *cocanha* = provencalische kleine Süßigkeit) oder das Narrenland (von franz. *coquin* = Narr) ist. Im Schlaraffenland sind jedenfalls die *schludernden Affen* zuhause.

Leben wir in so einem Zustand?

Wie man's nimmt. Wenn man das Schlaraffenland als jenes Land versteht, in dem man ohne Arbeit zu essen bekommt, dann fragen Sie doch einfach mal einen Arbeitslosen, wie er das sieht. Am besten einen aus einem *workaholic* -Land wie Vorarlberg.

Ein besserer Ansatz ist vielleicht doch der vom Warenangebot her. Die nach dem Kollaps des *real existierenden Sozialismus* übriggebliebene Wirtschaftsform produziert eine unübersehbare Masse von Müll, der erst noch verkauft werden muß, bevor er in den Deponien endgelagert werden kann. Der Konsument hat ihn kurze Zeit in den Händen, dreht und wendet ihn und fragt sich möglicherweise (falls er ein kritischer Konsument ist), womit er sich da wieder hat anschmieren lassen.

Nicht, daß es keine brauchbaren Waren gäbe. Sie sind nur in der Flut von Plunder versunken (das Bild von der Schweinescheiße, in der wir bis zum Kinn waten, fällt mir da unweigerlich wieder ein).

Zwei deutliche Beispiele sind Lebensmittel und Bücher. Nicht nur Nahrungsneurotiker sind der Meinung, daß nahezu alles, was aus den Regalen der Supermärkte quillt, bestenfalls wertlos, manchmal allerdings auch giftig ist. Natürlich wurde noch nie soviel Fleisch produziert wie heute, und noch nie war seine Qualität so schlecht. Noch nie gab's so viel Zuchtobst, und noch nie war es so geschmacklos. Undsoweiter. Man kennt die Leier ja schon. Ceronetti hat's gesagt: »Gesund ist alles das, was man nicht ißt.«

Und Bücher! Welch eine Inflation! Vom Sportler bis zum Serienmörder, vom Bauunternehmer bis zum allerletzten Journalistennebbich, jeder bringt sein Bißlein aufs Papier und dieses leider auch durch die Druckerpresse. Dann blitzt es einen Moment lang in der Buchhandlung auf, bis es eine Woche später im Modernen Antiquariat verramscht wird. Welcher Leser kennt nicht dieses nahezu ekstatische Trouvaillen-Gefühl, wenn man zufällig ein richtiges Buch aus dem ganzen Plunder herausgezogen hat?

Inflation ist der zentrale Begriff in jenem Plunderland, das die Naiven für ein Schlaraffenland halten mögen, Inflation von allem, von Waren, von Informationen, sogar von Gewalt. An jede Zahl hängen sich neue Nullen, während man sie ansieht.

Die Inflation entwertet, das ist die vorhergesagte Umwertung aller Werte, sie kommt nicht durch eine Ideologie, sondern durch die reine Überproduktion an Dreck. Schweinescheiße bis zum Kinn.
Und die Mittel dagegen? Man findet sie in der Stoa, bei den Zynikern, vielleicht auch noch in der libertären Apathie.
Wenn einer in einem Schlaraffenland lebte, dann Diogenes, der an seinen Schüler Monimos schrieb: »Die Schalen, aus denen wir trinken werden, sind aus dünner Tonerde und nicht teuer. Als Getränk wählen wir Quellwasser, als Nahrung Brot und als Gewürz Salz oder Kresse. Das habe ich zu essen und zu trinken gelernt, als Antisthenes mich erzog, nicht als ob es sich um gemeine Nahrung handele, sondern eher um eine, die besser ist als die anderen, auch leichter auf der Straße zu finden, die zum Glück führt. (...) Ich habe diese Nahrung gegessen und getrunken und sah darin keine Sache der Übung mehr, sondern des Vergnügens.«

Diesen Text hatte ich unter dem Titel »Schlaraffenland – ja, wo denn?« vor einiger Zeit für die Spielboden-Veranstaltung »Übersättigung und Agonie« verfaßt.

Heute kam folgende Speisekarte des Dornbirner Gasthofs *Gütle* per Post ins Haus:

A Wurschtmohl bi do uafacha Lüt.
Liebesmahl beim Gütle-Wirt.
An Pfiff
Schwartomago vom Schof mit Moschtessig und Ziebola
dazuo Teber Brot und Moscht
Fleischkuocho vom Schofbeuschl
A Spies vom Schof mit Gartogmües und Grumpera
dazuo Missianer Edelvernatsch
Öpfelküechle mit kaltem Öpfelmues
A Budile Subirer
Sura Käs

Ich soll bei diesem Essen eine »Tischrede« halten. Dasselbe tun Peter Jirak, Renate Breuss und Edelbert Köb.
Kaum eine Rolle spielt, daß ich weder weiß, warum das ein »Wurstmahl« bei den »einfachen Leuten« (mit drei Fleischgängen?) sein soll und was ein »Liebesmahl« in diesem Zusammenhang sein könnte; daß ich einen Bogen um den Gütle-Wirt mache, in dessen Lokal Tischkarten mit Gebeten herumstehen und die schwärzesten Kasiner von Dornbirn verkehren; daß ich diese Art, Dialekt zu schreiben, nie ausstehen konnte; und daß ich keinen Missianer Edelvernatsch trinken mag.

Traf mich mit Jirak schon mittags am Dornbirner Bahnhof und fuhr ihn nach Schwarzenberg, wo er bei einem Bauern untergebracht worden war. Wir aßen im *Adler* zu Mittag, dann suchten wir Paul Renner auf, der um die Ecke wohnt, und machten angesichts seiner Küche aus, gemeinsam zu kochen. Die Abendveranstaltung, das Menu laut obiger Karte, klappte nicht so recht, die Leute spachtelten lieber, als unseren Reden zu lauschen, mir schmeckte das Essen nicht so besonders, das Fernsehen fiel lästig, und es war heiß und rauchig. Dafür gab's genug zu trinken.

Meine Rede lautete etwa so:

»*Oh, daß wir unsre Ur-ur-ahnen wären. / Ein Klümpchen Schleim in einem warmen Moor. / Leben und Tod, Befruchten und Gebären / Glitte aus unseren stummen Säften vor.*

Meine Damen und Herren, wir alle wissen, was diesem kindlichen Wunsche des Dichters Gottfried Benn entgegensteht, der altbekannte Fluch nämlich: *Weil du auf die Stimme deines Weibes gehört hast / und von dem Baum gegessen hast, den ich dir verbot, / sprechend: Iß nicht davon!, / sei verflucht der Acker um deinetwillen, / in Beschwer sollst du von ihm essen alle Tage deines Lebens. / Dorn und Stechstrauch läßt er dir schießen, / so iß denn das Kraut des Feldes! / Im Schweiße deines Antlitzes magst du Brot essen, bis du zum Acker kehrst, / denn aus ihm bist du genommen. / Denn Staub bist du und zum Staub wirst du kehren.*«

Für uns hier und heute tritt zwar der Schweiß des Antlitzes beim Brotessen hauptsächlich dann auf, wenn wir zu viel Brot mit zuvielen Auflagen gegessen haben, und das Kraut des Feldes gilt nach den Jahren der giftgrünen und krebsroten Treibhaussalate längst als teuer zu bezahlender Luxus, aber von der seligen Schlaraffenwelt des Klümpchens Schleim im warmen Moor sind wir doch durch Legionen von Engeln mit Flammenschwertern getrennt.

Das Infusor im warmen Tümpel, der Eingeweidewurm im pulsierenden Dunkel des Wirtskörpers, die Made im Apfel, der Fötus im Uterus, sie alle leben wunschlos in einer homogenen Welt aus Wärme und Dunkelheit, in der weder Hunger noch Gier existieren, weil sie schon befriedigt werden, bevor sie überhaupt auftreten können.

Im Tierreich gibt es hinsichtlich der Lösung des Stoffwechselproblems viele interessante Lebensformen, insbesondere unter den sogenannten Parasiten. Ich denke etwa an jenen Meereswurm, bei dem die mikroskopisch winzigen Männchen mit den großen Weibchen verwachsen und ihre weitere Existenz sozusagen als eine Art allzeit bereiter Dildo führen. Das Weibchen nährt das Männchen über seinen Blutkreislauf und hat es dafür lebenslänglich griffbereit - und alles auf einer viel natürlicheren, organischeren Basis als in den diesem Modell nachgebildeten Verhältnissen, wie sie gelegentlich auch beim Menschen auftreten.

Einen der bemerkenswertesten maskulinen Lebensläufe findet man bei einer Milbenart, bei der die Männchen gar nicht erst geboren werden, sondern noch im Mutterleib die Weibchen befruchten, die daraufhin die Leibeshöhle verlassen, während das Männchen zurückbleibt und zusammen mit der

Mutter in deren Körper stirbt. Im Vergleich zu diesem Milberich, der schon im Mutterleib zufrieden seine Schwestern schändet und völlig darauf verzichtet, einen Blick auf die kalte Welt außerhalb des schützenden mütterlichen Gewebes zu werfen, scheint mir das Ödipusdrama verhältnismäßig bürgerlich.

Hätte wohl Kafka bei besseren Kenntnissen der Gliedertierwelt seinen Gregor Samsa eher als Milbe erwachen lassen denn als zoologisch unbestimmbares Ungeziefer? Samsa ernährt sich von Abfällen und der paradiesische Apfel verschimmelt in seinem gepanzerten Rücken, ein wunderbares Beispiel für den Satz, daß Schmutz lediglich Materie am falschen Ort ist. Aber die Milbenphantasie mit den Schwestern wäre vielleicht ohnehin eher nach Trakls Geschmack gewesen.

Ich überspringe die Vielzahl von Tieren, die zwischen den bereits erwähnten und dem Menschen liegen, wobei ich nur kurz darauf verweisen möchte, daß das gegenwärtige Artensterben, das größte seit dem letzten in Zeiten lang vor dem Auftreten des Menschen, hauptsächlich auf die Vernichtung von Lebensräumen und damit auf die Zerstörung der Nahrungsgrundlage für viele Arten zurückzuführen ist. Um ein naheliegendes Beispiel zu nehmen: Die Schmetterlinge verschwinden nicht, weil viele nabokovähnliche Geschöpfe mit kurzen Hosen und Schmetterlingsnetzen ausgerückt sind, sondern weil unsere Kulturpflanzen und sonstigen kulturellen Hervorbringungen ihre Futterpflanzen verdrängen.

Wir fressen die Erde kahl, im buchstäblichen Sinn des Wortes. Die Krone der Schöpfung, das Schwein, der Mensch (um noch einmal Benn zu zitieren).
Mit Ratte und Schwein teilen wir uns die Allesfressernatur. Wir leben vom Aas der toten Tiere ebenso wie von Pflanzen, und unsere unmittelbaren Vorfahren haben aller Wahrscheinlichkeit nach lebende Insekten den Kadavern von anderen Säugern vorgezogen. Wahrscheinlich wäre uns allen die Photosynthese lieber, aber die Verhältnisse, die sind nicht so.
Die Welt ist ein Ort, wo sich die Wesen gegenseitig auffressen, und nicht wir sind diejenigen, die sie so eingerichtet haben. Wir sind wahrscheinlich auch nicht diejenigen, die dagegen etwas unternehmen könnten, außer im Nirgendwo unserer Utopien.
Essen wir wenigstens mit Anstand. Es fällt uns schwer genug. Das oben zitierte Gedicht geht so weiter:

Ein Algenblatt oder ein Dünenhügel: / Vom Wind geformtes und nach unten schwer. / Schon ein Libellenkopf, ein Möwenflügel / Wäre zu weit und litte schon zu sehr.

Mittags mit den Jiraks im *Hörnlingen*, denn Peter ist ein Liebhaber von Kutteln - er hat dem Spoerri seinerzeit 60 einschlägige Rezepte zur Verfügung gestellt. Wir saßen (heuer vielleicht zum letzten Mal) im Garten, die sauren Kutteln fanden Peters ungeteilte Zustimmung, und im DuMont Kunst-Reiseführer stand - wie zu erwarten - kein Wort über das architektonisch interessante Haus.

Danach fuhren wir nach Röns, um uns dort ein richtiges Liebesmahl auf einem Kirchenbild anzusehen – das Lamm auf dem Tisch vor Christus sieht täuschend ähnlich wie ein toter Hund aus. Joe Coleman würde staunen. (Auf seinem Abendmahlsbild liegt ja tatsächlich ein Hundskadaver auf der Tafel – in Röns war es wohl nur eine gewisse Unfähigkeit des Malers.)

Heute haben wir nun wirklich bei Paul gekocht und gegessen, so, wie wir uns das »Liebesmahl« vorgestellt hätten:

Croutons mit Habichtspilzen, Pfifferlingen und Mark
Marinierte Blutreizker
Kutteln mit Maronenröhrlingen
Mit Käse und Bröseln gratinierter Parasol
Kitz mit marinierten Paprikaschoten und Auberginen »Lidio«
Äpfel, Bananen und Salbei im Teigmantel
Käse

Alle Pilze waren selbst gesammelt, das Kitz stammte von Pauls Hausmetzger, die Kutteln vom besten Fleischer in Dornbirn, die drei verschiedenen Käse vom Markt, nur die frischen Kräuter hatte ich in der Schweiz geholt.
Das Lokalfernsehen brachte einen Schwenk über die Esser im *Gütle*, dann sage ich: »Essen wir wenigstens mit Anstand. Es fällt uns schwer genug.«

Den 30. Geburtstag des Fischstäbchens will ich zwar erwähnen, aber nicht feiern. Der Umsatz stieg von 542 Tonnen 1964 auf mittlerweile 35.000 Tonnen. Ich war daran kaum beteiligt.

Angesichts des näherrückenden Termins für das jährliche Journalistenessen des *Galletto* in St. Gallen rief ich den *Feinschmecker* in Hamburg an und fragte, ob er an einem Bericht interessiert sei - für die *Krone* geht ja nichts mehr. Bei diesem Diner wird jedes Jahr eine italienische Provinz vorgestellt (diesmal rechnete ich mit der Lombardei), es folgen dann für zahlende Gäste fünf Abende mit diesem Menu.
Der Redakteur zeigte sich durchaus geneigt (schließlich würde er sich dabei die Spesen sparen), und so ließ ich heute abend zwischen Amuse-gueule (Marinierter Schwertfisch) und Vorspeise (Lachs mit getrocknetem Meeräschenrogen) dem Patron gegenüber ein paar Bemerkungen fallen, die meine parasitären Absichten andeuteten; nur, um zu erfahren, daß wegen des Zehn-Jahre-Jubiläums des Lokals die Journalisteneinladung heuer entfällt; stattdessen gibt es Galadiners mit Opernarien zwischen den Gängen. Das hat Urs Kraemer in Arizona gesehen und mittlerweile schon bei anderer Gelegenheit mit großem Erfolg nachgemacht.
Mir allerdings kann die gesamte Erlebnisgastronomie von *Pomp, Duck & Circumstance* bis zum *Palais des Fous* gestohlen bleiben, sie lenkt nur vom Essen ab und ist für Leute gedacht, die weder vom

Essen noch vom Theater (oder was auch immer geboten wird) genug verstehen, um sich näher damit beschäftigen zu wollen. Meine Aufmerksamkeitsspanne ist im Laufe der Jahre zwar auch kürzer geworden, aber so kurz nun doch noch nicht.

Die *Neue Vorarlberger Tageszeitung* muß ja auch irgendwie ihre Spalten füllen und bringt deshalb heute, am 14. Oktober, einen Artikel sowie eine Umfrage zum Thema Schlachtpartie. Im Text unter dem Titelfoto geht es schon los mit den Weisheiten: »Macht man es sich nicht zur Gewohnheit, fettere Kost zu essen, ist es sogar von Gesundheitsexperten erlaubt.« Auch unter das zweite Farbbild mußte unbedingt geschrieben werden: »Solche Köstlichkeiten dürfen als Ausnahme in den Speiseplan aufgenommen werden.« Spitzt ja die Ohren, wenn der Herr Journalist Ratschläge gibt, ihr gefräßigen Ferkel! So richtig dick kommt es aber erst in der Spalte »Ihre Meinung, bitte!«, wo sich sieben Leute folgendermaßen äußern (ich zitiere nur auszugsweise):
»Ein bis zweimal kann man sich dann schon solche Leckerbissen gönnen. Wenn man es so selten ißt, dann schadet es einem nicht.«
»Immer müßte ich solche Sachen nicht essen. Durch die Belastungen seit Tschernobyl soll man nicht mehr alles essen. Aber man ißt diese Dinge ja nicht täglich.«
»Schweinefleisch ist mir an und für sich zu fett.«
»Wenn man einmal im Jahr solche Dinge ißt, dann kann es gar nicht schaden.«

»Es ist sicher ungesund, aber ein- bis zweimal im Jahr kann man sich so etwas schon einmal gönnen.«
»Nein, ich gehe nicht zu Schlachtpartien. Ich möchte gerne, aber ich kann es mir aus Gesundheitsgründen nicht leisten. Solche Speisen sind zu fett für mich. Ich habe Probleme mit dem Cholesterin und lege mir deshalb selbst Verbote auf.«
»Gesund finde ich solche Dinge nicht. Ich würde so etwas nicht essen.«
Es würde mich sehr wundern, wenn nicht einer auch noch etwas vom »Sündigen« gesagt hätte, aber der religiöse bzw. abergläubische Unterton ist ja auch so gut hörbar, unter anderem darin, daß mehrfach von »solchen Sachen« oder »solchen Dingen« die Rede ist. Früher sprach man so von Anilingus oder Päderastie.
Dazu paßt ein Pollmer-Zitat, Seite 279: »Griff die Kirche einst nach unserem Unterleib, so legen uns nun Ernährungsexperten die Hand auf den Mund. Diätpäpste können allen nur erdenklichen Unsinn verbreiten, das Volk glaubt (zumindest für eine Weile) an die neuen Ersatzreligionen. Die modernen Prediger missionieren gegen unsere *Ernährungssünden* (wie verräterisch die Sprache doch sein kann), bestimmen, was gut für Leib und Seele ist und warnen vor dem nahen Herztod durch ein weiches Frühstücksei. Die Tetzels von heute verkaufen anstelle der Ablaßbriefe Diäten, die die Verdauung beschleunigen sollen: *Wenn das Geld im Kasten klingt, man selig zur Toilette springt.*«
Da sei Luther Pollmer davor.

Das *Mehringer*-Dilemma, schlimmer als das Gefangenen-Dilemma, aber auch erfreulicher. Es besteht darin, daß ich bei Besuchen in der Dornbirner Konditorei eine Entscheidung fällen muß, welche Köstlichkeit ich wählen soll. Mehr als zwei kleine Stückchen oder ein großes mag ich nicht, also muß eine Auswahl getroffen werden zwischen sieben oder acht Möglichkeiten, die gleich verlockend sind, weil ich weiß, daß sie alle den *bliss point* erreichen.
Derzeit sind Apfelwochen, das heißt bei Mehringer nicht nur, daß es verschiedene Zubereitungsarten gibt, sondern daß auch für jede die optimale Apfelsorte verwendet wird (Apfelmousseline Gloster, Apfelsahne Jonagold, Apfelvanille Golden Delicious, Apfeltörtchen Elstar).

Kaufte am Markt Quitten, für Quittenexperimente.
Die Steinpilzversuche sind übrigens zu Ende, nicht nur, weil die Saison fertig ist (es gab allerdings heute noch Exemplare mit riesigen Stämmen und winzigen Hüten, sozusagen die Clowns unter den Herrenpilzen), sondern auch, weil ich zum Ergebnis gekommen bin: Carluccio hat recht, mit Borlotti-Bohnen wird seine Zuppa am besten. Das ist zugegebenermaßen ein eher bescheidenes Resultat meiner Versuche, aber das Experimentieren hat Spaß gemacht.
Ausschließlich aus ästhetischen Gründen kaufte ich eine Handvoll auffallender Bohnen mit violetter Grundfarbe und tiefschwarzen Flecken, die in der

vormittäglichen Herbstsonne wie asiatische Schriftzeichen aussahen; die Vorstellung, daß die Marktfrauen ihre Waren besser kennen als die Supermarkt-Regaleinräumerinnen, vergißt man aber besser, auf meine Frage, wie diese schöne Sorte heiße, bekam ich bloß Gestammel als Antwort. Aber es wird eh eine Borlotti-Variante sein, der Musterung nach zu schließen.

Kam nachts an der Bar mit einem Trinker ins Gespräch über die Schlachtpartie-Umfrage. Formulierte, daß früher die Rabbiner vom Schweinefleisch abgeraten hätten und jetzt die Ernährungsberaterinnen, und daß mir der poetische Irrtum der Rabbiner (daß Schweine Scheiße fressen und wir durch sie die Scheiße) lieber sei als der profane der Ernährungsberaterinnen (die nicht begreifen, daß sie die Propaganda der Margarineindustrie gehört und für Wissenschaft gehalten haben), nannte aber auch das erste sympathisch und das zweite blöd, was der nächtliche Kumpan zu Recht belustigend fand. Es ist aber so. Die Juden konnten damals nicht wissen, daß wir, die Schweine und die Scheiße aus einer Auswahl derselben 105 Elemente bestehen und folglich jede nicht-hygienische Dichotomie von rein und unrein willkürlich ist, die Ernährungsberaterinnen könnten sich aber informieren und ihre Irrtümer korrigieren.

Spiegel 42/1994, S. 37: »Es wird auch hingenommen, daß es seit Mai 1994 ein *Bistro* in Buchenwald gibt,

das, wie die *Süddeutsche Zeitung* spitz vermerkte, vom thüringischen Wissenschaftsminister Fickel persönlich eröffnet wurde.«
Demnächst: Tanzcafé Treblinka, Milchbar Mauthausen? Aber geschmackloser als die Anwerbung Skorzenys durch den Mossad ist das auch nicht.

Mittags das neue *Österreich A la carte 1995* in der Buchhandlung geholt. Fand beim Blättern einen Artikel *Die Insekten der Gewässer*, womit tatsächlich Krebse gemeint sind - wenn's witzig sein soll, verstehe ich die Pointe nicht, wenn der/die Verfasser/in glaubt, daß Krebse wirklich zu den Insekten gehören, dann Gute Nacht. Die Frage, was das überhaupt in dem Buch verloren hat, klärte sich bei weiterem Blättern: Zwar 400 Seiten entfernt, aber doch wohl nicht ganz zufällig, findet sich die ganzseitige Farbanzeige eines Meeresfrüchteimporteurs. Auf diesem Foto kommen dieselben Krebse viel schöner heraus als auf dem seichgelben Papier hinten.
Abends aßen wir in der Übersaxner *Krone*, vorzügliches Wild von der Consommé mit Pistaziennockerl über Hasenleberparfait und Wildpastete bis zum Gamsrücken mit Hagebuttensauce und Haselnußspätzle. Zwischendurch fragte ich mal Horst Jurovic, ob er schon seine Beurteilung im neuen *A la carte* gelesen hätte, worauf er ein paar allgemeine Bemerkungen über Gastro-Führer machte, die ich hier nicht wiedergebe, obwohl ich ihnen zustimme.

Die Hagahai, ein Stamm auf Neuguinea, wurden erst im Jahre 1984 entdeckt. Sie essen das Fleisch von Schweinen, Beuteltieren und Vögeln, aber auch Eidechsen, Schlangen und Frösche. Sie sammeln Früchte, Pilze und Baummark und bauen eher beiläufig Süßkartoffeln, Yams und Taro an.
Außerdem essen sie Insekten (sogar Schmetterlinge), Spinnen, Raupen und Larven. Den Honig allerdings verachten sie, weil sie ihn als das Exkrement von Bienen ansehen.
Dies ist eines von vielen Beispielen, die zeigen, daß Nahrungstabus nicht rational erklärt werden können. Vermutlich wissen auch die Hagahai, daß der Darm der Insekten, die sie ohne Ekel verzehren, Exkremente enthält, sie werten diese aber anders als das sichtbare »Exkrement« Honig der Bienen. Man kann solche Widersprüche nur durch die Mechanismen des analogen statt des logischen Denkens erklären.

Zu den wenigen Produkten der Nahrungsmittelindustrie, die ich mit Vergnügen esse, gehört eine Anzahl asiatischer Suppen, auf deren Metallfolienverpackung ich nur ein paar Fragmente lesen kann: AMANO (das dürfte der Firmenname sein), TEL (dann folgen nahtlos japanische Zeichen), Pat. No. 13413341528242 und das Verpackungsdatum (ich hoffe jedenfalls, daß es nicht das Ablaufdatum ist). Es gibt sonst überreichlich Text, aber alles auf Japanisch. Die Packung enthält eine Plastikschale, in der sich ein Kegelstumpf aus einer undefinierbaren Masse befindet (die wie getrocknete Kotze aussieht, wenn man Lust hat, das so zu sehen). Diese Masse löst sich unter dem daraufgeschütteten kochenden Wasser auf wie eine chinesische Wunderblume, und es entsteht eine recht wohlschmekkende Suppe. Als ich sie im *Asia Shop* in Wien kaufte, nahm ich verschiedene Varianten mit, die dort einigermaßen klar angeschrieben waren (»Pilze, Muscheln«), aber zuhause wußte ich nicht mehr, was was sein soll. Heute nahm ich jedenfalls eine Packung mit braunem Aufdruck, und auch die Trockenmasse war tief dunkelbraun. Ich goß sie auf, worauf sie undurchsichtig wurde und rührte ein bißchen um, wobei ich auf kleine harte Gegenstände stieß. Es waren ungefähr zehn winzige Muscheln, vollständig mit aufgeklappten Schalen. Zwei Dinge gaben mir zu denken: daß alle zehn Schalen auf 180 Grad geöffnet waren, und daß alle Tiere an der einen Schalenhälfte festhielten. Wenn man selbst frische Herzmuscheln kocht, ist das nie der Fall: ein Teil der Schalen öffnet sich nur ein Stückchen weit, und mindestens ein Drittel der Muscheln fällt heraus. Öffnet jemand diese Muschelschalen von Hand vollständig und klebt die Tierchen fest?

Ein überaus bunter Kunststoffbecher mit transparentem Deckel enthält eine kleine, dreizinkige Plastikgabel sowie vier Päckchen, die nicht nur wegen der lila Verpackung wie Bonbons aussehen, es sind jedoch Misosuppenwürfel (Asage Hourenso Aburaage).

In einer anderen Fertigsuppe, Matsutake Suimono, mit Zutaten wie »Aminosäure, Pilz, Bonito & Seetang Extrakt« gibt es Sammelbildchen - aber nicht etwa Mangas, sondern Bilder französischer Impressionisten.

Mittags in der Lindauer *Seeterrasse*. Ich war erst einmal dort gewesen, im Sommer, anläßlich eines Casinobesuches. Damals hatten mich Aussicht, Karte und Essen positiv beeindruckt.
Heute war das Wetter schon allerheiligenmäßig, die Aussicht auf den See also grau in grau. Die Karte erwies sich als Kompromiß mit der toten Saison - ich war ja an diesem Mittag der einzige Gast im Speisesaal. So war wenigstens die Auswahl schnell getroffen, ich wählte als Hauptspeise ein »Duett von Papageienfisch und Heilbutt mit schwarzen Spaghettini«. (Schreibt man außer in der hintersten Provinz wirklich immer noch *Duette* und *Dialoge* auf die Speisekarten?) Das Duett fiel jedenfalls still aus, denn die Fische waren erstens tot, zweitens schon zu Lebzeiten stumm gewesen, und drittens auch als Leichen nicht mehr ganz taufrisch. Wenn sie miteinander gesprochen hätten, wäre ihr Thema wohl der Geschmack der dazu aufgetischten Scampi gewesen - es waren entweder die sowieso immer nach Apotheke schmeckenden thailändischen Billig-Garnelen oder sie hatten noch länger auf Eis geruht als die Fische. Die glänzendschwarzen Spaghettini paßten aber gut zum Grau vor den Panoramafenstern. Noch genauer traf der Nachtisch die Stim-

mung: eine Rosenblättermousse schmeckte durchaus delikat nach im Oktoberregen zerfallenden Rosen.
Vorspeise (Maronen und Melonenkügelchen mit gebratener Gänseleber) und Dessert hatten meinen Erwartungen entsprochen, die Makel des Hauptgerichts muß man in einem Restaurant, in dem an solchen Tagen der einzige Gast ist, hinnehmen, da kann der Koch nicht täglich am Markt einkaufen. Speisesäle, Aussicht und Service sind ohnehin okay, kein Vergleich mit dem schäbigen Casino im selben Haus.

Ein Pinot Noir aus dem Burgenland leuchtete nach einem Gaja-Barbaresco von '87 einen erstaunlichen Augenblick lang auf: Wir hatten eine halbe Flasche Pinot getrunken, gingen dann zum Barbaresco über, leerten ihn, und einer kehrte nach längerer Zeit nochmals zum Pinot zurück, kostete und forderte uns sogleich auf, zu probieren, wie der »sich entwickelt« hätte. Das war nicht der Fall, aber beim ersten Schluck gab es einen alchimistischen Moment lang eine glückliche Mischung aus dem Gaja-Abgang und dem Geschmack des harmlosen Pinots. Beim zweiten Schluck war dann schon alles vorüber.

Las im Zug nach Innsbruck in der *Tiroler Tageszeitung*, daß der »scheidende Chef der Tirol Werbung«, Andreas Braun, zum holländischen *De Telegraaf* gesagt hatte: »Wenn ich in Österreich in zehn

Restaurants ein Gulasch bestelle, ist die Qualität achtmal schlecht und nur zweimal gut.« Die Tiroler Wirte toben jetzt natürlich, und das nicht, weil es ja wohl eher »neunmal« als »achtmal« heißen müßte. Braun hat mittlerweile einen Rückzieher gemacht, er will jetzt nur gesagt haben: »Wer in Österreich ein Gulasch bestellt, kann auch schlechte Qualität erwischen.« Das stimmt auch wieder nicht so ganz, richtig wäre vielmehr: »... kann auch gute Qualität erwischen.« Aber erwähnenswert ist das Ganze ohnehin nur, weil es ein Tourismus-Chef, also ein professioneller Schönfärber und Roßtäuscher, öffentlich ausgesprochen hat.

An einem Sonntag fällt die Wahl eines Restaurants in Innsbruck nicht schwer, die meisten haben ohnehin geschlossen. Ich las die Speisekarte der *Weinstube Jörgele* und sah, daß ich mich durch »Alles vom Hirsch« fressen könnte - es gab Hirschcarpaccio, Hirschkraftsuppe und Wildwürste, die sicher auch Hirschfleisch enthielten - dann gab ich aber doch dem *Europastüberl* den Vorzug, weil ich dort schon früher sehr gut gegessen hatte. Die Karte erwies sich auch als interessanter als die vom *Jörgele*. Dem exotischen Klang des Wortes »Rehblutwurstkrapfen« konnte ich nicht widerstehen, obwohl mir klar war, daß der Geschmack von dem »gewöhnlicher« Blutwürste kaum abweichen würde - was er dann auch nicht tat. Danach eine junge Taube mit Herbsttrompeten auf Maronipolenta und als Dessert Tiroler Weinnudeln. Das Essen ist vorzüglich, die Weinauswahl für Einzelesser eher bescheiden (keine halben Flaschen Rotwein), der Service bemühte sich zwar, bestätigte aber einmal mehr meine alte und oft überprüfte Abneigung gegen die Tiroler.

Die Zeitschrift *VIF* testet Alltagsware aus Supermarktregalen. Die Ergebnisse sind als Ratespiel geeignet – »Lustiges Konservenraten«.
Was könnte das sein?
1. »Schmeckt irgendwie medizinisch, als ob Hustensaft drin ist ... für unseren Geschmack miserabel, erinnert an Maggi und synthetische Gewürze ... so moderig in Geruch und Geschmack, als ob mit stinkendem Wasser abgebraust ... schmeckt nach nichts, außer Süße; püriert vielleicht für schlechte Bonbons verwendbar ... unangenehm bis widerlich sauer, läßt an eingefärbte Rüben denken ...«
2. »Für unseren Geschmack ungenießbar, wirken vergammelt, was sie aber nicht sind ... schmecken auf eine Art nach Fisch, die man mögen muß; unangenehm krümelig ... riechen wie übles Brackwasser, schmecken abartig, bestenfalls wie gewässerter Thunfisch; krümelig ... wäßrig und von »klassischem« Konservengeschmack, läßt an rückverdünnten Stockfisch denken ...«
Richtige Antworten: 1.) 18-15-20-11-18-1-21-20, 2.) 19-8-18-9-13-16-19.

In derselben *VIF*-Nummer (11/94) steht, daß ein Liter Wein 60 Milligramm Salicylsäure enthalte, was der kalifornische Biochemiker Carlos Müller offenbar erst unlängst entdeckt hat. Das ist doppelt soviel wie in einem Aspirin, und soll die Wirkung von Wein gegen Herzkrankheiten erklären. Der Pro-Kopf-Weinverbrauch für die Franzosen wird mit 140 Liter pro Kopf angegeben (zur Zeit der Regierung Mendes-France war er doppelt so hoch), über Leberzirrhosen steht in diesem Artikel nichts, dafür schreibt Udo Pollmer in der »natur« 11/94: »Die gründlichste und umfassendste Ernährungserhebung, die jemals auf unserer Erde durchgeführt wurde, die *China-Studie* von Chen Junshi aus dem Jahr 1990, ergab keinen Zusammenhang zwischen dem Konsum von alkoholischen Getränken und Leberschrumpfung. Auch hierzulande nähren sich die Zweifel: Pathologen berichten, sie sähen bei der Obduktion von Stadtstreichern kaum noch eine Zirrhose.« Laut Pollmer werden bei massivem Alkoholkonsum verstärkt Eisen und Kupfer aufgenommen, wobei sich das giftige Kupfer in der Leber stark anreichert. Ich glaube aber nicht, daß die chinesische Studie mit Rotwein durchgeführt wurde, und nur der gilt als Zirrhose-Auslöser.

Brachte wieder einmal Quallensalat auf den Tisch, der eigentlich jedesmal gut ankommt - vorsichtshalber sage ich aber doch immer erst im nachhinein, worum es sich handelt.

In den Büchern steht, daß man die getrocknete Qualle tagelang und bis zu achtmal wässern soll; ich wässere sie normalerweise ein paar Stunden, wobei ich das Wasser mehrmals wechsle; gestern hatte ich vergessen, das Tier einzuweichen, wässerte deshalb heute insgesamt kaum eine Stunde, und die Qualle schmeckte wie immer.

Impressionen von einem Kurzbesuch in Wien.
Im *Le Ciel*, dem Restaurant des *ANA Grand Hotels* an der Ringstraße, beeindruckte mich die Küche weniger als die Tatsache, daß man dort für die Garderobe zahlen muß wie in einem Theater (aber mehr, nämlich 14 Schilling).
Bei *Mraz & Sohn* fiel ich zum dritten und letzten Mal auf das Wort »gebacken« herein; »gebacken« heißt in Wien »paniert«. Da meine erste Assoziation zu »paniert« das Wiener Schnitzel ist und dieses nicht »gebacken« wird, habe ich (früher) zweimal Wels und einmal (heute mittag) Bries paniert essen müssen (was ich nicht mag), bis ich's jetzt geschnallt habe, daß »gebacken« nichts für mich ist. Auf der Karte stand jede Menge Enten- und Gansl-Zeug, aber keine gebratene Entenleber, die ich der Gänseleber bei weitem vorziehen würde.
Im *Kornat* waren die Spaghetti con aglio e olio ganz ausgezeichnet, und die Steinbohrermuscheln sogar noch besser.
Das *Green Cottage* in der Kettenbrückengasse würde ich ung'schaut für einen der besten Chinesen Wiens halten – ung'schaut vor allem, weil ich natürlich die anderen nicht alle gecheckt habe. Roher marinierter Tintenfisch, Suppe mit Goldenen Pilzen, mit Teeblättern geräucherte Rehmedaillons,

Tofustreifen auf pfeffrigem Früchtespiegel - alles von bester Qualität. Es gibt eine Weinkarte, und ich trank auch einen österreichischen Weißen zum Tintinger, einen italienischen Roten zum Reh und eine Beerenauslese zum Tofu, aber die konnten alle drei nur gerade mithalten - sie gingen zwar nicht unter in den Gewürzen, aber die ideale Begleitung sind sie auch nicht. Übrigens war ich mittags mausallein in dem Lokal. Es macht mir zwar absolut nichts aus, allein am Tisch zu sein, aber rundum sehe ich schon gern noch ein paar Gäste als Kulisse. Man hat dann auch nicht so das Gefühl, vom Personal belauert zu werden.
Lou Chow in der Kollergerngasse ist wahrscheinlich nicht der zweitbeste Chinese in Wien, mein Besuch verdankte sich sentimentalen Erinnerungen und war möglicherweise - auf Grund der Frustration dieser Erinnerungen - der letzte. Das Essen ist zwar um Häuser besser als im besten Vorarlberger Chinalokal - aber da ich in Vorarlberg schon lange keine Chinalokale besuche, besagt das nichts.
Ich entdeckte *Lou Chow* vor einigen Jahren, als ich einmal, aus dem »Haus des Meeres« kommend, wo ich seinerzeit bei jedem Wienaufenthalt die bizarrsten Einfälle der Evolution betrachtete, so hungrig war, daß ich das nächstbeste Restaurant aufsuchte, und das war eben die »chinesische Imbißstube« *Lou Chow* - schon diese Bezeichnung hätte mich normalerweise abgehalten, und das Interieur sah auch außergewöhnlich schäbig aus. Das Essen war dann eine Überraschung: der Koch, ein alter Mann,

tischte eine Art von chinesischem Essen auf, die ich damals noch nicht kannte, nämlich die echte. Kulinarischer Höhepunkt war der Schweinedarm, und der wurde dann zum Ritual: einige Dutzendmale habe ich dort allein oder mit Freunden dasselbe Menu gegessen: Tofu mit Knoblauch, Schweinedarm (meist als Nr. 98 oder 99 bestellt, der in Weinsauce war der bessere), zwei Viertel Roter, hinterher ein Mao Tai. Für dieses Menu finde ich kein exakt passendes deutsches Wort, englisch würde man »rich« sagen. Später verschwand der alte Mann, in die Pension, ins Ausland oder in Holzmeisters Truhe, wer weiß, und die Qualität begann zu schwanken: einmal gab's den Schweinedarm mit einer Unmenge Wolkenohren (die nie zum Rezept gehört hatten), ein andermal zogen sich die Kartoffelstärkefäden wie sonst nur der Käse in den Kässpätzle, dann - bei einem Besuch, von dem wir schon vorher meinten, es werde der letzte sein - war der Schweinedarm plötzlich wieder ganz gut, und so wurde das nicht der letzte Besuch; aber heute war alles anders: das Lokal sah geradezu klinisch sauber aus (früher hatte es nicht einmal »normal« sauber gewirkt, man ging ja auch durch die Küche zum Klo), eine junge Frau saß auf einem Stuhl, hatte beide Füße auf die Sproße gestellt, so daß sie wie die Kaiserin Wu-ti aussah (die sich angeblich von fremdländischen Gesandten per Cunnilingus verehren und begrüßen ließ), und die Karte war nicht wiederzuerkennen: alles war geändert, den Schweinedarm gab's nur noch gebacken (schon wieder!) und als Vorspeise. Ich nahm ihn zwischen den Algensalat und das Lammfleisch hinein. Wie gesagt: alles schmeckte recht lecker, aber jenes köstliche Völlegefühl früherer Mahlzeiten stellte sich nicht mehr ein. Übrigens gab's auch keinen Mao Tai mehr, und Bambusschnaps ist kein Ersatz. Das Sauberkeitsthema wurde nur insofern angeschlagen, als die Frau ständig den Rotz hochzog und zweimal nieste: einmal in die Servietten, die sie faltete, das zweitemal in das Essen der beiden Familien- oder Clanmitglieder am Tisch. Die hatten nichts dagegen einzuwenden, soweit man das dem Tonfall entnehmen kann.

Das kurioseste Erlebnis der Gattung »Allein im Speisesaal« hatte ich im Juli in München: Im Feinschmecker war gerade das *Nitaya* als »bestes Thai-Restaurant« Deutschlands empfohlen worden, und im Bericht stand, man solle unbedingt reservieren lassen. Ich war sowieso nur zwei Tage da, kam am ersten Mittag gegen halb zwölf drauf, daß ich mich in unmittelbarer Nähe des Lokals befand, und dachte mir, ach was, ich schau einfach mal hin - wenn alles besetzt ist, kann man auch nichts machen, dann geh ich eben wieder. Ich fand das Lokal auch gleich, kam durch das Portal in einen Vorraum, wo es eine Garderobe gibt und eine Theke, hinter der sonst wohl derjenige sitzt, der die Plätze anweist, aber es war gerade niemand da ... ich stieg die Treppe hinunter, aber da unten war das Lokal gar nicht, bloß verschlossene Türen ... also wieder hinauf, es war immer noch niemand da ... ich warf einen Blick um die Ecke, sah in einen leeren Gang ... ging auf die Straße hinaus, um nachzusehen, ob irgendwo angeschrieben war, daß heute geschlossen sei, oder daß man erst ab halb eins geöffnet habe oder sonst etwas ... nichts davon zu sehen ... ich wieder hinein, schlug die Tür hinter mir etwas kräftiger zu ... niemand erschien ... ging doch den leeren Gang entlang, öffnete die Tür am Ende, immer in der Erwartung, gleich im Umkleideraum fürs Personal zu stehen oder in der Küche ... aber nein, ein leerer Speisesaal ... dahinter noch ein leerer Speisesaal mit einer Tür zum Garten ... ich ging in den Garten hinaus ... niemand zu sehen ... dann bemerke ich, daß ich in die Küche sehen kann ... da sitzt auf einem Stuhl eine Frau, in Gedanken versunken ... ich will mich gerade auf Zehenspitzen entfernen, als sie mich bemerkt und herauskommt ... es ist die Chefin ... ich sage, heute sei ja wohl geschlossen ... nein, nein, wieso denn, fragt sie ... später trägt sie alle drei Gänge selbst auf, ob sie auch selbst gekocht hat, weiß ich nicht ... soviel zum »auf jeden Fall vorbestellen«, im »besten Thai-Restaurant Deutschlands«, an einem Freitagmittag in München, bei schönem Wetter.

Eine meiner wenigen Essensregeln heißt, industriell hergestellte Lebensmittel möglichst zu vermeiden. Davon gestatte ich mir im Wesentlichen diese

Ausnahmen: Nudeln, Blätterteig und die papierdünnen asiatischen Teige mache ich nicht selbst, sondern kaufe sie fertig; und japanischen und chinesischen Fertigprodukten kann ich nicht widerstehen, weil viele von ihnen so amüsant sind: Die wunderblumenartigen Suppen habe ich schon erwähnt, aber noch nicht die Bohnenteige mit unterschiedlichsten Oberflächenstrukturen über den Erdnüssen im Kasugai Mame Itoko, der aus irgendwelchen Gründen als Natori Cheese Tara angeschriebene Kabeljau, bei dem sich der Fisch so vollkommen verwandelt hat, daß man ihn weder vom Aussehen noch vom Geschmack oder Geruch her erkennen kann (eine Eigenschaft, die er mit manchem Junkfood teilt, aber hier steckt Absicht dahinter); Nudeln, die wie sehr dünne grüne Spaghetti aussehen, aber als Dicke Nudeln (Masudaya Chasoba) angeschrieben und mit grünem Tee, nicht mit Spinat gefärbt sind; und eine Anzahl von Waren, deren Natur überhaupt rätselhaft bleibt.

Auch die Zeitschrift *Tempo* hat das Vergnügen an japanischen Fertigprodukten entdeckt und zeigt in ihrer Dezembernummer Marzipan-Sushi, Yamungi-Tee, Weizennudeln mit Yamaio-Geschmack, Dosenkaffee und Riegel aus Muscheln, Krabben und Fisch, alles mit Yen-Preisen und Bezugsquellen in Tokio.

Gegen den Einkauf dort sprechen freilich die Preise: eine Honigmelone kostet gegen 1500 Schilling, drei Mazutake 500, eine Tasse Kaffee 200.

Trete spätnachts in die Küche, um Mineralwasser zu holen, und höre ein seltsames Geräusch, so als ob zwar leise, aber doch gut vernehmlich eine Maschine liefe. Vom Geschirrspüler kommt es nicht, wie ich gleich feststelle, ein Sauerteig namens Hermann, der auf ihm vor sich hin gärt, ist es auch nicht, weil aus seinem Geschirr kein Laut dringt, als ich es ans Ohr hebe. Nach weiterem Lauschen finde ich die Tonquelle in einer großen Dose Ananas, Ablaufdatum 1992, in der größere Gasströme heftig zugange sein müssen. Die Dose stand bis vorgestern in einem Keller, wo es ein paar Grad kühler war als in unserer Küche. Ihre Erweckung aus dem Dornröschenschlaf scheint ein paar Bakterienklumpen in heftige Erregung versetzt zu haben. Während ich sie zum Müllcontainer trage, verfolgt mich das Gefühl, sie könnte in meiner Hand explodieren.

Ein paar Tage nach den Zeitungsmeldungen, daß die katastrophalen Unwetter und Überschwemmungen im Piemont neben ihren verheerenderen Auswirkungen auch die Trüffelsaison beendet haben, tauchen die ersten Tartufi am St. Galler Markt auf. Beinahe hätte ich gestern Sommertrüffeln gekauft, weil sie prompt als »schwarze Trüffeln« angeschrieben waren, aber natürlich stimmten weder Aussehen noch Preis. Der kleine weiße tartufo, für den ich mich dann entschied, brütet derzeit fleißig Eier aus, das erste Frühstücksei mit intensivem Trüffelaroma gab's bereits heute morgen. Der Trüffelpreis liegt heuer bei 4900 Franken das Kilo.

Gestern war im Wirtshaus ein Moslem eifrig bemüht, den Schinken aus seinem Cordon bleu herauszukletzeln, das er nicht gekannt und als Kalbfleischspeise bestellt hatte. Der Käse zumindest - den er dann durchaus aß - mußte aber schon Schinkengeschmack angenommen haben, von Schinkensaft und anderer mikroskopischer Schweinsmaterie ganz abgesehen. Das konnte er aber interessanterweise tolerieren. Offenbar genügte es für seine Wahrnehmung nicht zu einer »Verschmutzung« der Speise (für einen Juden wäre es sicher *treife* gewesen. Welche Einstellung die »vernünftigere« ist, sei dahingestellt; das ist alles nicht gerade eine Sache der Vernunft).

Der ganze Vegetarismus beruht darauf, daß die Lebensäußerungen von Pflanzen zu langsam sind, um von uns wahrgenommen zu werden. Als vor ein paar Jahren esoterische Bücher über Lust und Schmerz bei Pflanzen grassierten, habe ich es versäumt nachzulesen, ob darin etwas zu der Frage stand, ob man Pflanzen essen dürfe und ob man sie möglichst schonend töten solle. Es dürfte ziemlich schwierig sein, philosophisch zu begründen, daß man eine gesunde, »moderne«, komplex gebaute Pflanze für irgendwie »primitiver« hält als ein Tier aus einem der alten Stämme.
Akzeptabel wäre also für den Menschen nur die Photosynthese. Hinreichend konsequent durchgedacht, müßte man selbstverständlich auch die eigenen Phagozyten einbremsen, ständig andere Orga-

nismen zu fressen - was umgehend zu einer engelhaften Existenz führen würde.

Gestern rohe Quitten gegessen, heute nach langer Zeit mal wieder eine Aphthe im Mund - soll ich einen kausalen Zusammenhang sehen? Andererseits schreiben Friedrich/Schuricht in ihrem Buch *Nüsse und Quitten* (2. Auflage, Leipzig 1990) auf Seite 63 über gesundheitliche Wirkungen des Quittenverzehrs: »Namentlich Pektine und Schleimstoffe wirken sich wohltuend auf die Schleimhäute aus.«
Peter hat im *Kolibri* auf meine Anregung hin Quittenstrudel gemacht und ein Stück davon an eine Frau verkauft, die meinte, Quitten müsse man eben mögen. Ich habe mit Genuß zwei Portionen gegessen.

Ein Öko-Schiff des Schweizerischen Naturschutzbundes mit Bodenseefischen in Aquarien liegt im Hafen; ich ging hauptsächlich hin, um der Trüsche einmal live ins Auge zu sehen. Dieses bescheidene Unternehmen stand unter einem Unstern, erstens drängelten sich viel zu viele Besucher, als daß man überhaupt irgendetwas hätte in Ruhe ansehen können, zweitens war die Trüsche zusammen mit einem Aal in einem Becken untergebracht, in dem man den beiden ähnlich aussehenden, aber nicht wirklich verwandten Tieren Versteckmöglichkeiten geboten hatte; der vermutlich recht kleine Aal blieb gänzlich unsichtbar, die Trüsche streckte den Schwanz unter einer Steinplatte heraus, weil sie zu

groß war, um sich vollständig verkriechen zu können.
Ein Lebewesen, das ich in meiner Kinderzeit als aktiver Mikroskopiker immer gerne gesehen hätte, aber nie zu Gesicht bekam, soll auch dagewesen sein, der Süßwasserpolyp nämlich. Bei den Großlupen war der Andrang aber noch schlimmer als bei den Aquarien, und falls der Polyp da war, lag er nicht unter einem Objektiv, sondern kroch inkognito in einem nicht angeschriebenen Petrischälchen herum.
Nachdem auch noch meine Versuche, eine ökologische Bodenseekarte und ein Buch mit Verbreitungskarten der in der Schweiz beheimateten Fische zu kaufen, gescheitert waren (die Karte war ausverkauft, das Buch gab's nur auf Bestellung), warf ich das Handtuch, und las im Café in der Broschüre *Unsere Süßwasserfische: Wie ein Fisch im Wasser?* die Liste der vom Aussterben bedrohten Arten - Bachneunauge, Sofie, Moorgrundel, Roi du Doubs und Marmorforelle - sowie die der stark gefährdeten: Seeforelle, Strömer, Savetta, Bitterling, Nase, Ghiozzo, Cagnetta und Hundsbarbe. Als potentiell gefährdet werden immerhin auch Arten wie Aal, Bachforelle, Karpfen, Wels und Felchen eingestuft, nicht gefährdet sind unter anderen Hecht, Brachsen (die Schweizer schreiben »Brachsmen«), Rotfeder, Schleie, Flußbarsch und, erfreulicherweise, die Trüsche.

Ich bin mit einer Reisegruppe auf Urlaub in Haiti, trotte in der Nachhut durch Städte mit tollen Gründerzeithäusern, finde das alles ziemlich seltsam und hole die anderen schließlich bei einem Hotel ein, vor dem in einer Vitrine kleine Delikatessen, hauptsächlich aus Meeresfrüchten, ausgestellt sind. Die sehe ich mir mit großem Interesse an und freue mich, hierhergekommen zu sein, wo es also Seeigel und Bêche-de-mer, Fugu und Palolowürmer gibt.
Bemerkenswert ist dieser Traum für mich, weil er zum ersten Mal (zumindest zum erinnerten ersten Mal) einen Standardtraum der letzten dreißig Jahre paraphrasiert: Seit meiner Kinderzeit bin ich ein Liebhaber von Aquarien und Terrarien, und so träumte mir immer wieder, ich hätte entweder selbst solche Behälter voll der erstaunlichsten und exotischsten Arten oder ich besuchte Zoohandlungen, wo es alles zu kaufen gibt, was kreucht und fleucht. Diesmal war es eindeutig dasselbe Muster, aber zum ersten Mal mit der deklarierten Absicht, die Tiere zu verspeisen. Der Traumzensor war wohl gerade zum Lunch gegangen.

Die Lokalzeitung zitiert einen Düsseldorfer Virologen namens Friedrich von Rheinbaben, der zur Frage, ob BSE für den Menschen gefährlich sei, sagte: »Im Moment kann niemand auf der Welt diese Frage mit Ja oder Nein beantworten.« Die Bildunterschrift zum beigegebenen Kuh-Foto lautet: »Bisher hielt sich der Erreger an Rinder«, und un-

mittelbar neben dem Artikel findet man eine kleine Jubelnachricht, daß »chinesische Wissenschafter nach einem Bericht der Nachrichtenagentur Xinhua Superfische gezüchtet« hätten, »deren Wachstum durch eine Transplantation von Rindergenen um 20 Prozent beschleunigt wurde«. Die Staatliche Wissenschaftskommission wird zitiert, die findet, daß sich eine Karpfenbrut von rund 1,5 Millionen Exemplaren »prächtig« entwickle.
Gut so. Vielleicht kann man die Anfälligkeit für BSE-Erreger auch mittels Rindergenen übertragen, und »Verbesserungen« der Nahrungstechnologie erweisen sich zuletzt auch als Lösung des Überbevölkerungsproblems.
Der Gedanke an BSE kommt mir eigentlich nur, wenn ich in der Schweiz Rindermark esse, im Osso buco oder in den Suppenknochen - die Schweiz steht mit 116 Fällen weltweit an dritter Stelle hinter Großbritannien und Irland.
Der Erreger ist übrigens immer noch unbekannt - Prionentheorien hin oder her.
Die heutige Zeitung weiß noch mehr Interessantes: Die Migros ruft Kartoffelkroketten zurück, die auf Grund mangelnden Stärkegehaltes beim Frittieren platzen und heißes Öl verspritzen - die »kleine explosive Küche« ganz ohne Luginbühl also. Ein paar Seiten weiter lese ich, daß Nahrungsmitteltechniker der ETH Zürich fettfreie Kartoffelchips hergestellt haben - gut so, die können beim Platzen keinen Schaden anrichten. Weil das Verfahren aber erst im Labor funktioniert und noch nicht im in-

dustriellen Maßstab, schreibt das Blattl treuherzig dazu: »Ob es je soweit kommt, daß wir bedenkenlos Chips knabbern können, steht noch in den Sternen.« Ich aber sage euch, ihr könnt jetzt schon bedenkenlos Chips knabbern, denn um euch ist es sowieso nicht schade.
Weitere News von derselben Zeitungsseite: Nahezu die Hälfte der in der EU verkauften Hühner enthalten Salmonellen und Kampylobacter (was bei ordnungsgemäßer Zubereitung völlig gleichgültig ist, weil die Erreger bei normalen Brat- oder Kochtemperaturen das Zeitliche segnen - das steht aber nicht dabei), und in drei von 47 gezogenen Proben angeblich ungeschwefelter Trockenfrüchte fand sich sehr wohl Schwefel, in drei der als geschwefelt bezeichneten mehr als der gesetzliche Grenzwert. Nach dem Schwefel der Schwafel: Australische Wissenschaftler haben ein Anti-Rülps-Mittel für Kühe entwickelt, US-Forscher ein Fett-Gen gefunden, und die chinesische Akademie der Wissenschaften gibt bekannt, daß die Chinesen in der Getreideproduktion autark bleiben werden.

An der Stadtautobahn vom Flughafen nach Wien hinein erblickt der irritierte Reisende ein Schild mit der Aufschrift »Erdäpfelsalat bleibt Erdäpfelsalat«. Wenig später heißt es »Wien bleibt Wien«. Wenigstens warnen sie rechtzeitig und jetzt schon detaillierter, denkt der Karl Kraus-Leser.

Testertreffen in Wien: eine kuriose Gesellschaft. Ich hatte schon sehr bald das Gefühl, unter lauter Weinkennern zu sein, die sich auch ein bisserl für Essen interessieren. Das ist eine österreichische Erscheinung: Wir haben ja auch nur Weinzeitungen mit einem Essensteil, während der *Feinschmecker* mir deshalb besonders interessant vorkommt, weil er eine Essenszeitung mit einem Weinteil ist. Zum Teil liegt es wohl daran, daß es für Wein ein elaboriertes Vokabular und Ritual und klare Kriterien gibt, und daß auch das Fachgebiet »Österreichischer Wein« zwar umfangreich, aber durchaus endlich ist - im Gegensatz zur Unbegrenztheit der Warenkunde *aller* Lebensmittel.

So fiel beispielsweise bei der Verkostung »13mal Eingelegtes, 3 Gläser-Weine und Schmankerl« im Restaurant *Vincent* (2. Bezirk) den meisten auf, daß auf dem Programm ein Veltliner mit einem Riesling verwechselt worden waren, über das (meiner Ansicht nach köstliche) »Lamm mit Aromen gebraten«, das getrüffelte Rebhuhn oder das Rehmedaillon mit Zellerpüree hörte ich aber keine präziseren Kommentare als daß es sehr gut schmecke (was ja stimmte), auch zur Kombination Topinambur-Suppe mit Vogelbeere sagte niemand etwas Ausführliches.

Gelobt wurde ein Cornichon, das mit einer in Trüffelmehl gebackenen Garnele zusammengespießt war und mir weniger sensationell als vielmehr überflüssig vorkam, und es gab eine allgemeine, diffuse Erregung über Weißes-Trüffel-Eis (vermut-

lich vom Aroma gemacht, nicht vom Pilz selbst) als Dessert.
Abends im *Tsing-Tao.* Beim Dim-Sum-Essen war der allgemeine Tenor, man könne ethnische Küchen schwer beurteilen, weil man ja nicht wisse, wie das Essen schmecken müsse. Das finde ich ein seltsames Argument, denn wie sie schmecken müssen, kann ich auch von ganz unbekannten Speisen sagen: *mir* müssen sie schmecken. Wie die »Glücklichtascherln à la Haus (mit Bohnenblätter gebacken)« in Peking schmecken würden, weiß ich nicht, ist mir aber auch gleichgültig bzw. interessiert mich erst, wenn ich dort bin. Ob die Zutaten frisch sind, kann man bei Schwein, Rind, Ente, Meeresfrüchten etc. immer erkennen (und die Chinesen arbeiten eher mit diesen Ingredienzien als mit Seegurken und Tigerpenissen, und kochen auch bloß mit Wasser), und für einen österreichischen Gourmetführer ist mein Geschmack wahrscheinlich interessanter als ein »original«-chinesischer. Also ging es bei dem allgemeinen Gejammer nur darum, zu verdecken, daß man nicht über Wein reden konnte, weil man Tsing-Tao-Bier, Mao-Tai (auf meine Empfehlung hin bestellt, nach dem Probieren allgemein abgelehnt) und Bambusschnaps trank, und daß die meisten Tester offenbar weder eine Krebsart nach der Schere bestimmen können noch Haifischflossen, Surimi und Crabmeat je zuvor gesehen hatten. Einer erzählte, der Wirt lasse den Bärlauch für die Spezialität des Hauses (Bärlauchtascherl) aus Thailand einfliegen - ich frage mich, ob es »unseren«

Bärlauch tatsächlich außerhalb der nördlichen und gemäßigten Zonen gibt, oder ob es wie beim Basilikum ist, das in Thailand auch ganz anders schmeckt als bei uns.
Ich stiftete die Esser an meinem Tisch an, gebratene Hühnerfüße (also die Füße, nicht die Schenkel) zu probieren, der Wirt hatte größte Bedenken und bat uns, den Deckel auf dem Bambuskorb zu lassen, weil sich andere vielleicht davor grausten. Gegraust hat es uns aber eher vor dem Mangopudding.

Am nächsten Tag ins *Unkai*, der Japaner im ANA Grand Hotel, in dem es marinierte Seegurken geben soll; die fand ich nicht auf der Karte, bloß Qualle (schmeckte wie meine, bloß etwas weicher), Abalone und Leuchttintenfisch; ich aß ein 750-Schilling-Menu mit Sashimi und Sushi, wobei mir das letztere ein wenig grob geraten vorkam. Rundum saßen Wiener, für die Shabu-Shabu die Krönung der japanischen Küche zu sein schien.
Der grüne Tee wird einem im *Unkai* nachgeschenkt, bis man ihn stehenläßt. Das ist angenehm.

Nachher ging ich ins Kino, *Interview mit einem Vampir* von Neil Jordan. Anlaß war der Name des Regisseurs: Vampirfilme interessieren mich kaum, aber weil Jordan noch keinen schlechten Film gemacht hat, sah ich ihn mir an.
Meine Erwartungen wurden übertroffen, denn das *Interview* ist trotz seines blöden Titels nicht bloß nicht schlecht, sondern sehenswert. Ein witziger,

stellenweise brutaler und immer romantischer Film. Hier erwähne ich ihn, weil auf den physischen Aspekt des Vampirismus großer Wert gelegt wird, das Schmatzen und Gluckern trifft jeden Gourmet mitten ins Herz. Obwohl Jordans Blutsauger natürlich Aristokraten sind, saugen sie nicht in der grandseigneurhaften Art Christopher Lees, sondern haben Halssitten (Tischsitten kann man ja nicht sagen, sie essen meist im Stehen), daß es nur so spritzt, gluckst und gurgelt. Daß ein Teil des Publikums deswegen die Vorstellung verließ, ist eigentlich immer noch ein Qualitätszeichen, die Leute sitzen zwar jeden Dreck aus, fliehen aber prompt, wenn mal ihr Nerv getroffen wird.
Die Szene, in der Tom Cruise die Ratte über dem Kristallglas ausbluten läßt, ist besonders intrikat, weil wir uns ja alle so ernähren, nur schalten wir viele Glieder zwischen das lebende Tier und das Fleisch auf dem Teller.

Im *Mraz & Sohn* einen gebratenen Tintenfisch gegessen, den sie auch gestern im *Unkai* auf den Tisch hätten bringen können, dann eine Kalbsniere mit Spitzmorcheln, die so intensiv schmeckten, daß ich nachfragen ließ, worin sie die quellen lassen; der Wacholderabsud, der mir rückgemeldet wurde, kann das allein nicht bringen.

Abends war es dann so weit, Esaus Sehnsucht erwachte in mir und ich zog los ins *Hansy* am Praterstern, wo Linsen mit gebratenem Speck und Knödeln, Leberwurst mit Sauerkraut, Wurstknödel mit Kraut und Würstel mit Saft auf der Speisekarte stehen, und man sich nicht alle Gäste an den Nebentischen genau ansehen kann, wenn man den Appetit behalten will, das Essen aber deftig und preiswert ist. Ich nahm ein Bohnengulasch mit Debreziner und wurde zufriedengestellt: es war nicht so gut, daß es mich reute, nicht schon öfter ins *Hansy* gegangen zu sein, und es stillte andererseits Esaus Sehnsucht.

Wieder einmal ergeben ein Wein und eine Speise zusammen einen Geschmack, den allein weder der eine noch die andere hat: eine Chardonnay Beerenauslese von Ernst Triebaumer hat nach einem Roquefort einen Abgang, der mich unabweislich an Ölsardinen erinnert, wobei es mir schwerfiele, anzugeben, ob es nach den Fischen oder dem Öl schmeckte. Die Gegenproben des Weins zusammen mit Mimolette und Brie erzeugen den Gout nicht, und der Roquefort schmeckt alleine völlig okay.

Ein Orakel. Was kann es anderes sein, wenn mich jemand anruft und mir lateinische Sentenzen ins Ohr murmelt: »Quid sapiat ostreum, quid mullus, optime nosti: nihil tibi luxuria tua in futuros annos intactum reservavit: atqui haec sunt, a quibus invitus divelleris.«? Das heißt nichts Gutes, auch wenn ich »mullus« durch »lotas« ersetze.

Viktor Giacobbino brachte in seiner TV-Sendung den Herausgeber des Schweizer Gault-Millau, Silvio Rizzi, ins Schwitzen. Aber auf so einfache Fragen wie die, wie man es als Feinschmecker mit der Gänsestopfleber hält, sollte man bessere Antworten bereit haben als die, die Gänse fräßen sich ihre Fettlebern mehr oder weniger freiwillig an. Das habe ihm sicher nicht der Konrad Lorenz erzählt, spöttelte Viktor.
Die Schweizer Ausgabe des Gault-Millau hat die besten Texte von allen auf deutsch vorliegenden Essensführern, mit bewußt subjektiven Formulierungen und interessanten Abschweifungen. Das ist ein Urteil über den Stil, nicht über die Zuverlässigkeit. Mir gefällt es, wenn beispielsweise der Text über die *Rotisserie Schoren* mit den Worten beginnt: »Der böse Hans, sagen sie in St. Gallen ...« Ob es dem damit gemeinten Hans Koller auch gefällt, ist natürlich eine andere Frage.

Heute, am 11. Dezember, saßen wir mittags auf der Terrasse des Pfändergasthauses *Berghof Fritsch* und tranken Zweigelt zu den mit Dörrpflaumen gefüllten Schweinssteaks, während sich um uns vier Katzen im Sonnenschein rekelten. An der weißen Hauswand summten große Fliegen, die ein paar Dezembertage überleben können. Das Taubenschwänzchen, das uns umschwirrte, wird aber schon bald verhungert sein. Die »Kracken« auf der Karte erwiesen sich auf Nachfrage als zusammen mit Pommes kroß frittierte Frankfurter Würstchen.

Die Industrie arbeitet auf den Einheitsgeschmack hin: Ich fügte einem Fruchtsalat aus frischen Trauben, Karambolen und Clementinen von mir zerkleinerte Dosenware hinzu und ließ raten, worum es sich dabei handelte. Die Tips reichten von Pfirsich über Jackfruit bis Mango, und das alles hätte das süße gelbe Zeug aus dem dicken Zuckersirup sehr gut sein können. Es waren aber Mispeln.

Ich öffne mit Schwung über meinem Schreibtisch den weihnachtlich aussehenden Brief eines Schrunser Hotels, worauf sich ein Schauer von braunem Staub, gemischt mit winzigen Objekten, über Computertastatur, Disketten, Brillenetui und den üblichen Papierkomposthaufen herabsenkt. Im Brief heißt es:
»Adventgewürze ... Nelken, Zimt, Fenchelstroh, ... überbringen unsere Weihnachtsgrüße und alle guten Wünsche fürs Neue Jahr«
Danke, liebes Christkind! Die Tastatur riecht jetzt wirklich ganz weihnachtlich, da nützt nicht einmal eine Säuberung mittels Pinsel mehr etwas.

Kaufte in Lindau ein Glas Ossietra um 145 Mark, das die Verkäuferin mir nicht aushändigte, sondern selbst (»eigenpersönlich«, hätte Popeye gesagt) vom Deli-Counter zur Kasse transportierte. Nächstes Jahr wird sie sich wahrscheinlich mit Handschellen daranfesseln.

Tempo hat einen Tester besonderer Art nach China geschickt: der Journalist Lorenz Lorenz verkostete exotische Grauslichkeiten wie Placentasuppe nach Szetschuan-Art, Wurmsoufflé und panierte Ratte. Für einigermaßen unglaubwürdig halte ich die widerlichste Geschichte von allen: »Manchmal gibt's dazu Hundereis. Ein fast verhungerter Hund wird mit gekochtem Reis gefüttert. Der Hund schlingt den scharf gewürzten Reis sofort runter. Der Koch erwürgt den Hund und serviert dem Gast anverdauten Reis aus dem noch warmen Darm. Herr Li schätzt den leicht säuerlichen Beigeschmack.«
Diesen Herrn Li beschreibt er als mir allzu archetypisch vorkommenden chinesischen Allesfresser, der eine Liste von den verbotenen Delikatessen im Kopf hat, die er noch verkosten will (z. B. Pandapfoten).

Meine Frau bringt von der Bücherei Paul Theroux' *Das chinesische Abenteuer* nach Hause, ich schaue mal kurz hinein. Auf Seite 10 steht: »Ich ging Vögel beobachten - nichts als Krähen, Spatzen und die Sorte schmutzige Tauben, die wie Ratten aussehen. Seltenere Vögel wurden von den Chinesen verspeist.« Auf der Seite davor hieß es schon: »Aus der chinesischen Geschichte lernt man unter anderem, daß Chinesen nie wissen, wann man aufhören muß.«

Weihnachtsabend: guter Wildlachs, schlechter Beluga. Wenigstens gelang mir das Karpfenpörkölt -

eine Woche vorher hatte ich feststellen müssen, daß dieses absolut sicher scheinende Rezept durchaus daneben gehen kann.
Erwähnenswert der piemontesische Käse Bianco Sottobosco, weil ihm gelingt, was man nach meinen Erfahrungen von den wenigsten Trüffelspezialitäten behaupten kann: er schmeckt tatsächlich nach Trüffeln.

500 Tote in Assam: Magen-Darm-Katarrh bei Teepflückern, deren Gewerkschaften die hygienischen Zustände verantwortlich machen. Gesprächsthema für den Five-o'clock-tea.

Geruchshalluzinationen der angenehmen Art? (Die Verfolgung durch imaginären Gestank ist ja weitaus bekannter.) Drei Gläser lang roch und schmeckte ein 1986er Gedersdorfer Grüner Veltliner unmißverständlich nach weißen Trüffeln, erst dann verschwand der etwas gespenstische Eindruck.

Der österreichische Journalist brachte in der Nummer 6/94 (die ich erst jetzt gelesen habe) einen Artikel von Barbara Goerlich über Gastro-Kritik und Gourmetschreiberei (übrigens unter dem Titel »Hungerleider«), dessen interessanteste Information für mich war, daß ein bayerisches Oberlandesgericht in einem Streit zwischen einem Kritiker und einem Wirt entschieden hatte, »ein Kritiker müsse ein Lokal mehrmals besuchen, um das Angebot in einem repräsentativen Umfang beurteilen zu können«.

Dem Artikel beigegeben war ein Kasten mit Zitaten aus dem Gault-Millau Wein Guide Deutschland 1994, die vom *Journalist* als »Stilblüten« eingeschätzt werden, beispielsweise der Satz »Der riecht wie ein Damensattel nach einem scharfen Ritt«, oder Einzelbeispiele wie »schmalzige Fruchtsüße - ledriger Haselnußduft - ausladender Duft von Butter und Heu - rauchiger Duft von Karamel und Gänsespeck - duftet nach eingekochten roten Früchten«.
Urteile wie »geradezu stahliger Nachhall - pfeffrige Würze - verhaltener Pfirsichduft - nerviges Säurespiel« etc. würde ich allerdings nicht gerade für Stilblüten halten. Das ist eingeführte Weinsprache, im Unterschied zum »Damensattel«, der ist halt zu ordinär.

Ich hielt mich bei der Zubereitung von Fenchel mit schwarzen Oliven an das Rezept, obwohl es mir verkehrt vorkam: da schmort man erst in einer Auflaufform im Backofen und kocht nachträglich die Sauce ein, um zuletzt noch irgendwie Parmesan zuzugeben - ich hätte zuerst den Fenchel angedünstet und ihn dann im Rohr mit dem Parmesan überbacken. Das Ergebnis fiel aus, wie ich es erwartet hatte: der Fenchel hätte weicher und die Sauce dicker sein können, und als ich das beim Essen aussprach, meinte Ingrid, das sei sicher ein deutsches Rezept, denen schmecke das so. Was mich dabei verblüffte: Sie hatte recht, es war tatsächlich ein deutsches Rezept, aber mir ist immer noch nicht klar, was daran eigentlich »deutsch« sein soll. Es kam ja nicht einmal der sonst unvermeidliche Rahm darin vor.

Der Weinkellner, betrunken wie in einer Filmkomödie: erst fällt ihm die Karte aus der Hand, dann bremst er zwei mit großem Schwung servierte Biergläser gerade noch ab, weil sie auf den Nebentisch sollen, der Höhepunkt ist erreicht, als er einen fünf Jahre alten Burgerländer Roten überflüssigerweise dekantiert, wobei er mit der Gestik eines Zauberers, der demonstriert, daß er nichts im Ärmel hat, freihändig aus einer schiefgehaltenen Weinflasche in eine schiefgehaltene Karaffe eingießt und nichts bemerkt, bis wir ihm sagen, daß die Hälfte des Weins an der Außenseite der Karaffe auf Tischecke und Boden plätschert.
Später kurioserweise eine Art Umkehrung des Gesetzes von den kommunizierenden Gefäßen: Während wir immer betrunkener werden, nüchtert er offenbar aus, und ab der dritten Flasche kommentiert er durchaus kenntnisreich.

Meine Mutter wußte ausnahmsweise einmal, wo und was sie essen wollte: Kesselfleisch im *Goldenen Hirschen*. (Sonst erklärt sie immer, ihr sei es egal, wohin wir gingen, findet das dann von mir ausgesuchte Lokal das ungeeignetste, bestellt nur das, was sie kennt, und wovon jeder schon weiß, daß sie es nicht mögen wird; sie läßt es bald stehen und jammert, es gebe keine Auswahl und was man bekomme, sei mit falschen Zutaten schlecht zubereitet.)

Diesmal konnte nichts schiefgehen: das Kesselfleisch im *Hirschen* ist, wie wir es mögen, und es steht immer auf der Karte.
Ich holte also mit dem Auto erst meine Mutter, dann Ingrid in Kennelbach ab, und wir fuhren zum *Hirschen*. Es war aber Dienstag, und da ist sein Ruhetag. Kein Problem, sagte ich, im *Gösser* um zwei Ecken gibt es immer Kesselfleisch. Mein Wagen ist zweitürig und meine Mutter tut sich nicht mehr so leicht mit dem Ein- und Aussteigen. Wir hatten das ganze Ritual schon beim *Hirschen* abgewickelt, weil man das Ruhetag-Schild vom Parkplatz aus nicht sehen konnte, jetzt wiederholte es sich beim *Gösser*. Wie sich herausstellte, hatte ich mich geirrt: kein Kesselfleisch auf der Karte. Ich erklärte, jedes Dorfgasthaus biete es an, aber wo war das nächste Dorfgasthaus? Wir fuhren nach Lochau. Unterwegs fiel mir ein besonders rustikales Dorfgasthaus ein, allerdings in Hörbranz: der *Schwanen*. Also fuhren wir nach Hörbranz. Der *Schwanen* hatte kein Schild an der Tür, man sah aber schon von außen, daß er nicht geöffnet war. Im Ortskern gab es ein anderes Lokal, dort kämpften wir uns bis zum hintersten Tisch im Speisesaal vor. Eine Busladung Deutsche wartete aufs Essen. Die Karte war auch für sie gemacht: nichts drauf, was man hätte essen mögen, nicht mal ein gewöhnliches Gulasch oder ein Schweinsbraten, sondern Fünfzigerjahreblödsinn wie Currytopf und Hawaiischnitzel und zeitgenössischer Blödsinn wie Vollwertteigtaschen mit Broccolifüllung. Bevor wir gingen, hatte ich

noch die Stirn, den Mann am Zapfhahn zu fragen, ob es nicht noch irgendwo ein Dorfgasthaus gäbe, wo man beispielsweise ein Kesselfleisch essen könnte. Er riet zum *Rainer* im Lochau, nicht gerade ein Geheimtip. Wir fuhren zum *Rainer*, dort war Ruhetag. Unterwegs waren wir noch an zwei Gasthäusern vorbeigekommen, das eine war geschlossen, das andere hatte kein einziges Sauerkrautgericht. Mittlerweile waren wir eine gute Stunde unterwegs. Um der Sache ein Ende zu machen, fuhren wir zurück nach Bregenz und gingen in ein Vorstadtgasthaus, wo ich früher deftig und nicht allzu schlecht gegessen hatte. Aber der Wirt und damit die Zeiten hatten sich geändert: der Schweinsbraten mit Knödeln und Kraut gehörte ohne Umweg in die Biotonne. So ist das mit der Gastronomie bei uns.

Siebeck im *Standard* über die Wiener Küche: »Das einzige, was sie in Wien wirklich nicht können, ist salzen und pfeffern. (...) Die mit Zucker angemachten Salate stellen zwar eine Negativseite dar, und die Portionen sind furchtbar groß, die Mehlspeisen dafür sehr angenehm.«
Was Siebeck in der *Zeit* über »Trüffeln und Trotteln« schreibt, ist sachlich richtig, ich mag's aber doch nicht zitieren.
So geht es mir meistens mit ihm: Seine Informationen sind nützlich, seine Rezepte gut, aber sein Stil ist mir zuwider.
Im *Profil* wird er auch gefeiert, aber seine treuherzige Bemerkung, daß er Fleischknödel nicht kannte,

machte mir endlich klar, was das Manko ist, das ich schon immer bei ihm spürte, aber nie auf einen Punkt hatte bringen können: Er kennt offenbar nur wenige Küchen wirklich gut: die internationale Haubenküche, die südfranzösische und vermutlich ein paar deutsche Regionalküchen. Aber ein Papst, auch ein Küchenpapst, muß »katholisch« sein!

17 Zitate

Gebt euren Kindern Bananen. Die Banane ist die sauberste Frucht, da sie durch ihre Schale vor Insekten, Würmern sowie Bazillen geschützt ist. Ausgenommen sind solche Insekten, Würmer und Bazillen, die durch die Schale kommen.

Alfred Döblin

Er setzte mich ab an meinem Aachener Lieblingsimbiß, und ich nahm wie immer das glacierte Oreganohähnchen an Variationen von Kartoffelsalat und las in dem »Spiegel Special« über die Kinogeschichte.

Uwe Kopf im »Tempo« 2/95

Heute sind die Freß-Seiten in den Zeitungen fast schon wichtiger als die Kriegsberichterstattung, nur daß die Kriegskorrespondeten die netteren Kollegen sind.

Christian Millau

Zum Abendmahl sollte man Kaugummi nehmen, so stärkt Gott Euch den Kiefer. Kaut lange, ohne Hintergedanken: da er Euren Mund liebt, soll er wissen, wozu dieser dient! Sogar ein Gott sollte Eure lauwarmen Zungen nicht mißachten.

Francis Picabia

Schon als Kind erhoffte ich mir vom Alkohol um so heftigere Wirkung, je weniger er mir schmeckte. Dabei blieb es. Die Vorstellung, ich trinke Gift, wirkt belebend. Ich sage das nicht, weil ich darauf stolz bin. Es ist nur die Wahrheit. Ich trinke, um betrunken zu sein.

Wolf Wondratschek

Servier uns, ausgekochter Kaspar,
auf goldgebeiztem Tablett
süffiges LYlien=Ragout,
das frißt unsere Alpaka=Löffel!

Arthur Rimbaud

Eine nackte Frau tendiert stets dazu, eine Dinnerparty zu dominieren, gegen sie wird jedes Aspik vergeblich anzittern.

William Kotzwinkle

Ausgemergelte Bettler, die auf den Straßen schlafen, sind nicht faul; sie müssen nur sorgsam mit ihrem schmalen Energievorrat umgehen. Als chronisch

Unterernährte haben sie auf dem Arbeitsmarkt keine Chance mehr.

Partha S. Dasgupta, Cambridge-Professor

Wer a Geld hat, frißt an'n Schnepfendreck,
und wer kans hat, der laßt die Schnepfen weg ...

Wiener Couplet

Die Menschen essen weiterhin, was sie immer gegessen haben, sie tun es jetzt nur mit schlechtem Gewissen.

Volker Pudel im »Stern«

A Hund wenn er gut brat'n is,
is a Delikadess därfst glaub'n ganz gwiss,
Wind kannst drauf lass'n, dös is klar,
besonders wenn's a Windhund war.

Karl Valentin

Mein Name steht nicht für Konserven, sondern für frische Gerichte, die in Folie verschweißt achtzehn Tage haltbar sind. Um gute Küche unters Volk zu bringen, muß man sich eben auch moderner, industrieller Methoden bedienen.

Paul Bocuse

Das Abendessen gib deinen Feinden.

Chinesisches Sprichwort

Wie haben die Menschen sich einbilden können, daß die Gottheit sich mehr geehrt und befriedigt fühle, wenn sie einen Hering statt einer Lerche essen, eine Zwiebelsuppe statt einer Specksuppe, eine Scholle statt eines Rebhuhns, und daß dieselbe Gottheit sie mit ewiger Verdammnis strafen würde, wenn sie an gewissen Tagen der Specksuppe den Vorzug geben?

Marquis d'Argens in »Thérèse philosophe«

Ich trinke nicht aus bloßer Lust am Zechen,
Noch um des Korans Lehre zu durchbrechen,
Nur um des Nichtseins kurze Illusion,
Das ist der Grund, aus dem die Weisen zechen.

Omar Chajjam

Als Getränk sind solche Flüssigkeiten anzusehen, die verkehrsüblicherweise »zum Trinken« (...) verwendet werden. Auch bei unbestrittener Eignung des Heißwassers zum Trinken kommt es darauf an, ob diese Flüssigkeit üblicherweise zum Trinken verwendet wird. (...) Für eine Gewohnheit des (bloßen) Heißwassergenusses findet sich in langjährigen Beobachtungen über Trinkgewohnheiten (...) kein Anhaltspunkt, nicht einmal aus der unmittelbaren Nachkriegszeit. Auch in der Alpin-, Brauchtums- und Kochbuchliteratur ist ein überzeugender Hinweis auf die Üblichkeit dieses Genusses nicht zu finden.

Aus einer Entscheidung des österreichischen Verwaltungsgerichtshofs (Zahl 91/17/0064)

Mein Großvater hat als Arabia-Vertreter am Tag drei oder vier Kaffeehäuser besucht, einen kleinen Braunen bestellt und Zeitungen gelesen, während er die Bestellungen aufnahm. Dann ging er nach Hause und hat zu seiner Frau gesagt: Dolli, das war ein anstrengender Tag, komm, wir geh'n ins Caféhaus.

Robert Menasse

Was man eh immer schon vermutete, wird jetzt allmählich von offizieller Seite eingeräumt: daß 1987 Tschernobyl-verstrahltes Rindfleisch mit mehr als dem doppelten Grenzwert für Caesium 134 und 137 in den österreichischen Handel gelangte, und das Gesundheitsministerium öffentlich abwiegelte, um den Schaden für die Bauern klein zu halten.
Was fanden die Konsument-Tester jetzt in zwei Vollkorn-Schnittbrot-Produkten? Weniger Schwermetalle als erwartet, dafür aber - Mutterkorn! Das Vollkornbrot im Haus erspart das LSD. Oder fallen einem bloß die Zehen ab?

Von der althergebrachten Zungenkartierung, wie sie beispielsweise in fast jedem Buch über Weindegustation abgebildet ist (salzig - seitliche Ränder, süß - Spitze, bitter - hufeisenförmiger Streifen hinten, sauer - seitliche Streifen parallel zu den »salzig«-Rändern) werden wir nun wohl doch Abschied nehmen müssen, denn Linda Bartoshuk sagt, es handle sich dabei lediglich um einen Übersetzungsfehler in einem Text von der Jahrhundertwende. Und Linda Bartoshuk ist tatsächlich »one of the world's leading authorities on the sense of taste« (*The Sciences*, Volume 35, Number 1, p. 13).

Sie ging an die Sache heran, wie man das mit allem tun sollte: nullius in verba, nichts einfach nur glauben, was man auch selbst nachsehen kann. Also ließen Bartoshuk und ihre Kollegin Valerie Duffy die freiwilligen Versuchspersonen die Zunge herausstrecken, bepinselten sie mit einem Kontrastmittel und betrachteten sie auf dem Bildschirm des Videomikroskops. Worauf sich zunächst einmal eine gewaltige Variationsbreite der Anzahl der Geschmackspapillen bei verschiedenen Personen zeigte: bei den einen stehen sie dicht an dicht, andere haben nur da und dort ein Papillchen auf der Zunge. Kein Wunder, daß die Wissenschafterin *supertasters, nontasters* und zwischen den beiden Extremen das gemeine Volk auf der Glockenkurve unterscheidet. 20 Prozent der Untersuchten sind *supertasters* mit einer ungewöhnlich hohen Papillenanzahl, die besonders auf süß und sauer ansprechen. Weitere zwanzig Prozent sind *nontasters*, haben kaum Papillen und schmecken wenig. Frauen haben einen feineren Geschmacksinn als Männer, unten ihnen befinden sich auch mehr *supertasters*, und die sind nochmals sensitiver als ihre männlichen Pendants, mit besonders feiner Zunge für süß und bitter.

Süß bedeutet energiereiche Kost, bitter sind die meisten Pflanzengifte, deshalb hält Bartoshuk das

Supertasting für eine sinnvolle Gabe der Natur an die Schwangeren der Frühgeschichte. Zu deren sprichwörtlichen kulinarischen Gelüsten äußert sie sich allerdings nicht, zumindest nicht in dem Artikel von Thomas Levenson, den ich hier referiere, wohl aber vermutet sie noch zu untersuchende Zusammenhänge zwischen *supertasting*, Eßstörungen und Fettleibigkeit.

Ihr Interesse am Thema führt sie auf ihre Collegezeit zurück, als ihr krebskranker Vater nach Bestrahlungstherapie seinen Geschmackssinn einbüßte und entsprechend veränderte Einstellungen zu seinen Lieblingsspeisen zeigte. Naheliegend scheint mir ein zweites Motiv zu sein: Linda Bartoshuk gehört selbst nach eigenem Eingeständnis zu den *nontasters*, und möchte wohl gerne zumindest theoretisch wissen, was die anderen an diesem Teil der Sinnlichkeit so interessant finden. Das kennt man ja von den Sexualforschern, von denen auch ein gewisser Teil das Studium auf Grund eigener Probleme aufgenommen zu haben scheint.

Ähnliches findet sich übrigens im Vorwort zu A. W. Logues *Die Psychologie des Essens und Trinkens* (Heidelberg 1995), wo die Autorin ihre Abneigungen gegen alle möglichen Nahrungsmittel (am stärksten gegen Fisch) ausbreitet und einräumt, daß sie das einzige Mitglied der Forschungsgruppe *Cuisine* in Stony Brook war, »dessen Interesse an der Ernährungsforschung in erster Linie durch Nahrungsmittel*aversionen* geweckt worden war«. Wenn das nicht an jenen berühmten deutschen Sexualforscher erinnert, der, selbst homosexuell, ausführlich über den weiblichen Orgasmus schrieb!

Die Chinesen, deren Einstellung zu Lebensmitteln zumindest in der Theorie immer vorbildlich war (man ißt alles, was überhaupt genießbar ist; die Ware muß immer frisch sein, so daß reiche Leute in Hongkong keinen Kühlschrank haben; der enge Zusammenhang von Nahrung und Gesundheit ist für jedermann eine Selbstverständlichkeit; undsoweiter), legen sich verheerende Gewohnheiten zu: Die seit 1990 im Schnitt um die Hälfte gestiegenen Einkommen führen zur verstärkten Nachfrage nach Delikatessen, die nun wirklich nicht im entsprechenden Tempo nachwachsen, zum Beispiel zur bereits absehbaren Ausrottung der Seegurken (japanische und taiwanesische Fischer sollen vor den Galapagos-Inseln binnen zwei Monaten acht Millionen Seegurken für diesen Markt gefischt und zur eigenen Verpflegung 100 Schildkröten getötet haben), zu einer geradezu unglaublichen Abschlachtung von Haien (den Tieren werden die Flossen abgeschnitten, dann wirft man sie lebend und verstümmelt zurück in die See), und zur Vernichtung der letzten Nashorn- und Tigerbestände (das Horn bzw. der Penis gelten als Aphrodisiakum).
In den Zeitungen taucht dieser Zusammenhang meist in »lustigen« Kurzmeldungen auf, so las man neulich, daß in irgendeiner Provinz Chinas eine Rattenplage ausgebrochen ist, weil die Leute alle Schlangen aufgegegessen haben.

Lester Brown vom World Watch Institute formulierte bei einer Konferenz in Atlanta einen größeren Zusammenhang: »Chinas Getreidemangel heißt jedermanns Getreidemangel.«

Das intakte Meer liefert ja nicht nur Nahrungsmittel, sondern auch Medikamente, etwa das Antibiotikum Squalamin (aus Katzenhaien), das Immunitätssuppressionsmittel Diskodermolid (aus dem Bahamaschwamm) oder das krebshemmende Didemnin B (aus Seescheiden). Es ist wirklich verrückt, wie wir mit diesem Kapital umgehen. Der Mensch, das kranke Tier, das sich selbst verwirft.

Es gibt auch Zeitungen, die die leergefressenen Zoos in Bulgarien für amüsant halten, als wären nicht Armut und Hunger der Grund, sondern die wilde Jagd exzentrischer Gourmets. Im Tiergarten von Kaspitschan sollen zuerst die Raubtiere verhungert sein, dann sind binnen weniger Tage 13 Pfauen, zehn Goldfasane, sechs Bergziegen und vier Schafe gestohlen und gegessen worden. Jetzt wurden die übriggebliebenen Tiere verschenkt und der Zoo geschlossen.
Lautréamont über das Paris von 1871: »Die Lage verschlimmert sich täglich. Zuerst werden die Bären und Elephanten des Jardin-des-Plantes geopfert und ihr Fleisch als Delikatesse an reiche Leute verkauft. Bald folgen die graziösen Antilopen, die Känguruhs, die Kasuare, die Kormorane und anderen Tiere und Vögel mit exotischen Namen ... Kein

Vogel singt mehr in Paris. Selbst Spatzen fliehen aus der Stadt. Hundefleisch kostet 4 Franken das Pfund. Seit dem 9. November werden Ratten für 2,50 Franken das Stück verkauft ...«

Die Bevölkerung am Rande des in der nördlichen Mongolei gelegenen Chubsugol-Sees ißt aus religiösen Gründen keinen Fisch. Es dürfte Marvin Harris schwerfallen, dafür eine seiner üblichen rein ökonomischen Begründungen zu finden.
Aber es scheint ohnehin an der Zeit zu sein, sich von dem Buch *Wohlgeschmack und Widerwillen. Die Rätsel der Nahrungstabus* von Harris (Stuttgart 1988), das ich damals mit großem Interesse gelesen zu habe, zu trennen. Harris kann zwar vorrechnen, daß es sich im Vorderen Orient nicht lohnt, Schweine zu züchten, und hält diese Bilanz für den eigentlichen Hintergrund des religiösen Verbotes, Schweinefleisch zu essen, aber mit so einfachen Theorien kann man niemals erklären, warum beispielsweise orthodoxe Juden bestimmte Sehnen aus dem Rinderschenkel herausschneiden. Das fiel mir schon bei der Erstlektüre auf, aber Harris' Argumentation scheint in anderen Fällen noch schwächer zu sein:
Napoleon Chagnon berichtet in seinem Buch *Die Yanomämö* (Berlin 1994) über die sogenannte »Proteindebatte«. Marvin Harris und seine Anhänger behaupteten, daß die Amazonasindianer an Proteinmangel litten und ihre ständigen Kämpfe ebenso wie die bei ihnen vorkommende Tötung weiblicher Säuglinge dieses Grundproblem widerspiegelten: die

Yanomämö, ein sehr aggressiver Stamm, kämpften um nichts anderes als um Nahrungsressourcen. Chagnon, der mit den Yanomämö zusammenlebte, berichtete, daß jeder dieser Indianer bei der Versorgung mit Nahrungsmitteln auf dreißig Gramm Protein pro Tag käme. Harris erklärte zunächst, er »fresse einen Besen«, wenn das wahr sei, steckte aber später angesichts der von Chagnon vorgelegten Berichte zurück und fraß den Besen nicht, sondern behauptete, er habe nicht gesagt, diese Indianer litten objektiv an Proteinmangel, sondern sie hätten nur das Gefühl, daran zu leiden. Das klingt auch für den ethnologischen Laien nicht besonders überzeugend.
Im übrigen spricht Chagnon in seinem Verhältnis zu Harris von »eine(r) Unzahl erstaunlicher Dinge – dazu gehörten Heimtücke, Verleumdungen, Lügen, standeswidriges Verhalten, Schikanen, üble Tricks und so weiter.« Das übliche Arbeitsklima unter Akademikern also.

Derzeit ist es Mode, die Ernährungsspinner gegeneinander auszuspielen. Gestern kam im bayerischen Fernsehen eine Sendung, in der Pudel, Bruker und Konsorten vorgeführt wurden (wobei Bruker besonders schlecht abschnitt, aber es ist ja nicht schwer, im Fernsehen jemand blöd ausschauen zu lassen). Die Zeitschrift *Öko-Test* bespricht in der Februarnummer unter dem Titel »Reine Kostverächter« sieben Bücher von Bruker (der Zucker als Gift hinstellt) über Pollmer (der mehr oder minder sagt,

man solle essen, was einem schmeckt) bis Wandmaker (der frägt, wann es beim Menschen wieder zur »dringend notwendigen Auslese« kommt, vergleichbar der »konsequenten Rassezucht« beim Tier), die sich gegenseitig widersprechen.
Volker Pudel, Ex-Präsident der deutschen Gesellschaft für Ernährung, schätzt, daß mittlerweile 90 Prozent der Bevölkerung allen Empfehlungen mißtraut. Das würde ich gerne glauben, es wäre ein schöner Erfolg skeptischer Aufklärung. Tatsächlich glauben wohl eher 90 Prozent, daß Cholesterin giftig sei.

Großaufnahme auf das Antlitz des leidenden Erlösers, die edlen Züge verzerrt, Blutstropfen auf der Stirn. Die Kamera schwenkt langsam nach unten, man sieht den Soldaten, der auf einer Lanze den Essigschwamm an Jesu Mund führt. Kaum sind die Lippen des Gekreuzigten benetzt, leckt er dieselben, erwacht aus seinem Halbkoma, verdreht die Augen, blickt direkt in die Kamera und sagt: »Mhm - Aceto balsamico, 20 Jahre, von Girolamo Cretinonno, Modena.« Schwenk auf den römischen Soldaten, der breit grinsend die Flasche mit dem Etikett ins Bild hält: Jesus hat den Produzenten richtig erkannt.

Wien ist voller Plakate, auf denen die Firma Nordsee für ein Fischbällchenpackerl namens »Hao

Rayn« wirbt. Vielleicht machen sie als nächstes Gefillte Fisch, die können sie dann »Spei B'neth« nennen.

Ein »Aal-Hummer-Ragout« in *Niky's Kuchlmasterei* bestand aus mit Aalfilets umwickeltem Hummerfleisch in einer rötlichen Sauce, vermutlich aus der Karkasse; alle Details waren tadellos, aber die Komposition brachte nichts, Aal und Hummer wollen so nicht zusammen.

Wollte erst Roßleberkäse frühstücken, aber der Würstelstand war um neun noch geschlossen; fuhr zum *Teehaus Demmer*, um mich an der vorzüglichen Apfeltarte zum Darjeeling zu verlustieren, aber das machte erst um zehn Uhr auf; so landete ich im *McDonald's* bei Schinken mit Ei und Kaffee (alles zusammen 35 Schilling) und Doppel-Hopper – nicht zu verwechseln mit Doppel-Whopper! – : erstens das Edward-Hopper-Feeling eines amerikanischen Schnellimbisses an einem grauen Morgen, zweitens eine Frau am Nebentisch, die so verrückt-böse aussah wie Dennis Hopper in seinen besten Filmen. Sie starrte mich an und wühlte in ihrer Handtasche nach ihrer 22er, zog dann aber doch bloß ein Papiertaschentuch heraus.

Mittags im *Feinspitz*, dem einzigen Haubenlokal in Ottakring: Es erweist sich als eines jener Lokale, wo nur am Abend groß aufgekocht wird, mittags gibt's Menüs. Ich aß deshalb, was ich am wenigsten mag, ein stupides Trumm Fleisch, im vorliegenden Fall ein Beiried.

Im *Tenmaya* in der Krugerstraße standen Seeigelsushi, Rogen vom Fliegenden Fisch, und Eis aus Matcha auf der Karte: das erste ist eine echte Delikatesse, das zweite eher ein Kuriosum (die Eier sind winzig und recht hart), das dritte von unerwarteter Geschmacksintensität.

Frustrierende Speisekarten im *Oswald & Kalb* und im *Mraz & Sohn*, im ersten, weil ich nichts fand, was ich hätte essen mögen, und im zweiten, weil die Wahl so quälend ausfiel.
Das *Oswald & Kalb* ist für seine Wiener Küche bekannt, und das Schnitzel, das ich schließlich nahm, war auch tadellos, aber ich hätte lieber etwas anderes gehabt, und die Alternativen waren ebenso langweilig: Hühnerbrust mit Lauchsauce, oder Kalbsbraten. Dafür gehe ich nicht essen.
Umgekeht im *Mraz & Sohn*: Als Briesliebhaber muß man sich schon bei den Vorspeisen zwischen Salat von Kalbskopf, -züngerl und -bries und einem »zweifärbigen Kalbsbriessüppchen« entscheiden, was andererseits heißt, nicht die Entenlebermousse, den »lauwarmen Glasnudelsalat mit Lachs und Kaltwassergarnelen« oder das Fricassée von der Jakobsmuschel mit Krabbenbrot nehmen zu können. Ich bestellte den Salat und genehmigte mir als Zwischengang einen Krebsenschaumcappuccino mit Kohlrabifäden und Steinbutt. Bei den Hauptspeisen

geht es weiter: das Spitzmorchelrisotto zum Filet vom Styria Beef auf Gänselebersalmis hätte mich ebenso interessiert wie der gefüllte Ochsenschlepp mit gebratenen Pilzen oder das »Allerhand aus dem Meer« (Hummerguglhupf, gebratene Seezungenfilets, Jakobsmuscheln), und eine glasierte Wachtel wär' auch nicht das Letzte; aber wenn Bruckfleisch auf der Karte steht, nehme ich's, denn das gibt's noch seltener als die anderen Sachen.
Aber lieber ist es mir schon, ich finde auf der Karte genau die drei Gänge, die ich essen möchte, und alles andere läßt mich kalt.

Auch mein Schweinderltourismus zum Lainzer Tiergarten stand, wie manches an diesem Wienbesuch, unter einem schlechten Stern: der Tiergarten ist bis 25. März geschlossen. Ich stieg eine lange, steile Treppe entlang der Mauer, die den Garten umgibt, hinauf, bekam aber kein einziges Wildschwein zu Gesicht.
Auf dem Rückweg zur U-4-Station Hütteldorf kam ich gegen 12 Uhr an einem Gasthaus namens *Karl Stephan* vorbei, besser gesagt: ich kam nicht vorbei, ich ging hinein. Gehofft hatte ich auf eines jener Wirtshäuser, wo man vielleicht doch noch etwas Interessantes, Lokales bekommt, aber drinnen fand ich mich gleich in einem Speisesaal wieder, der eher nach dem eines Altersheims aussah, vor allem, was die Gäste betraf. Zwei alte Damen dürften direkt aus einem Thomas-Bernhard-Stück gekommen sein, von der Bühne. Die Karte hingegen verblüffte

mich: die Weinkarte war außergewöhnlich gut aufgemacht, sorgfältige Beschreibungen aller Weine, halbe Flaschen, Offenausschank von Flaschenweinen, und Reben vom Frühroten Veltliner bis zum Gelben Muskateller: alles da. Es gab auch fünf oder sechs verschiedene Biere, drei davon offen. Auf der Käsekarte entschuldigte man sich zunächst, daß die Jahreszeit keine einheimischen Ziegenkäse gestatte, erklärte dann aber die französischen und italienischen Sorten, die stattdessen eingekauft worden waren, und die Speisekarte sah auch nicht übel aus. Der Kellner beriet mich hinsichtlich des Weins zur Briesrosette »Marshall«, und brachte dann das Viertel Weißburgunder mit der offenen Flasche im Kühler, der auf meinem Tisch blieb, während ich das erste Achtel trank.
Ich fragte mich, ob ich in ein Haubenlokal geraten war, aber nur, bis das Essen kam. Da war's dann eigentlich schade um die ganzen Bemühungen.

Imam bayildi im *Levante* in der Wollzeile: ich fiel nicht in Ohnmacht, aber ich bin ja auch kein Imam. Geschmeckt hat es mir.

Als ich meiner Fischhändlerin gegenüber andeutete, ihr Angebot könnte auch breiter sein, meinte sie, als sie mit dem Geschäft angefangen habe, hätten die Leute überhaupt nur Eglifilets akzeptiert. Mittlerweile gibt es bei den Süßwasserfischen regelmäßig bzw. in der Saison Forelle, Felchen, Barsch und Zander; hin und wieder Hecht und Trüschen; Aal auf Bestellung. Ein paar Fischarten mehr kommen im Bodensee schon vor.

Abends kam ich in der *Ilge* auf das Thema zu sprechen, sagte, wie spinnert mir die Leute vorkämen, die sich vor Gräten fürchten, und daß es mich interessieren würde, wie viele ärztliche Eingriffe es in diesem Zusammenhang in Österreich pro Jahr überhaupt gibt (meine Schätzung: keinen einzigen), worauf eine Frau am Tisch erwiderte, sie habe ja keine Angst vor Gräten, sondern finde sie ekelhaft.

Das verblüffte mich einigermaßen, denn was ist eklig an einer Gräte? Sie ist weder ein Fremdkörper im Fisch noch hat sie eine der klassischen Ekel-Eigenschaften wie Klebrigkeit oder schlechten Geschmack. Ich vergaß zu fragen, ob es sie eigentlich auch vor Knochen grause.

Im *Nobu* von Robert De Niro und Nobuyuki Matsuhisa, im Moment anscheinend *das* New Yorker In-Lokal, muß man bis zu sechs Wochen auf einen Tisch warten; man rechnet etwa 30 Dollar pro Person.

Der Dollar steht heute auf 10,15/10,65. Ich habe im *Tenmaya* und im *Unkai* mehr als das Doppelte für mein Essen bezahlt, aber das sind eben keine New Yorker In-Lokale. Deshalb muß man ja auch nicht reservieren lassen.

Knapp vorbei ist auch daneben. Ich arbeite nach längerer Zeit mal wieder an der Übersetzung des Schokoladenbuches von Marcia und Frederic Morton, und schalte dazu, wie immer, das Radio ein. Da kommt, na, was wohl, eine Sendung über Schokolade, und der Sprecher erzählt von Rodolphe Lindts Erfindung des Längskneters kaum drei Minuten, nachdem ich den Satz »Lindt's second idea came to him as he hand-worked his chocolate in a narrow trough« übertragen habe. Einen Absatz weiter unten kommen die Mortons auf Roald Dahls Kinderbuch *Charlie and the Chocolate Factory* zu sprechen, und im Radio wird - mittlerweile in einer englischen Sprachsendung - eine Geschichte von Roald Dahl angekündigt. Es ist aber die bekannte Mrs. Bixby-Story. Das Universum will es doch nicht übertreiben mit seinen Assoziationen. Die Mortons schreiben übrigens auch vom großartigen Geruch der Schokoladenfabriken, was ich amüsant finde, weil ich weiß, was die Bludenzer sagen, wenn die Wetterlage dazu führt, daß die Suchard-Fabrik intensiv riecht (dasselbe, was wir von der Maggi-Fabrik hielten, neben der ich als Kind wohnte). Auch Léo Malet schreibt in seinen Memoiren *Stoff für viele Leben*: »Meine Erinnerungen an die Schule sind ziemlich schwach. Ich weiß noch, daß ich in den Kindergarten am Boulevard des Arceaux ging, nahe der Schokoladenfabrik Matte. Überall stank es grauenhaft nach Kakao und Zucker. Ich kann Schokolade heute noch nicht ausstehen.« (Hamburg 1990, S. 11)

Gisèle Harrus-Revidi erklärt mir in *Psychanalyse de la gourmandise* endlich, warum ich immer vergesse, Milch zu kaufen (wegen meines Mutterkomplexes, nicht etwa, weil ich kaum Milch verwende), warum meine Mutter Quick-Lunches hortet (weil sie Angst vor Veränderung hat, nicht, weil sie kaum noch einkaufen gehen kann), warum ich Innereien besonders gern esse (aus kannibalischen Gründen, nicht weil sie mir schmecken), und daß Diätetik und Vegetarismus nichts anderes seien als eine neue Larve für die alte Religion (wer hätte das gedacht!). Ich hatte zwar ein traumatisches Abstillerlebnis (das heißt eigentlich, noch schlimmer, eines mit »vergifteter Muttermilch«), aus dem laut Harrus-Revidi eine Molkeaversion entstehen mußte, aber wie beschwindle ich mich selbst, indem ich Käse, Butter und Joghurt mag, die unter dasselbe Verdikt fallen? Vielleicht bin ich ein Food-Borderliner.

Der ÖBB-Speisewagen bietet die seltene Gelegenheit zum Tafeln mit Fürstlichkeiten am Nebentisch: Hans Adam, von dem ich schon aus dem Lokalfernsehen wußte, daß er kein Gourmet ist (er hatte im Blindversuch einen seiner eigenen Weine nicht erkannt), krümelte mit der Semmel herum und aß auf, was seine Frau von den Gemüsestäbchen übrig ließ.

Die Etikette ist auch sonst nicht mehr, was sie einmal war: Früher hätte man als Vertreter eines katholischen Herrscherhauses nicht am Aschermittwoch Gulaschsuppe bestellt.

Im *Green Cottage* aßen wir uns heute zu dritt fast durch die ganze (allerdings kurze) Speisekarte. Diesmal war der Eindruck eher enttäuschend: natürlich ist das kein gewöhnlicher »Chinese«, aber Bouley ist es auch keiner. Der Wein paßt nicht zu den Gewürzen, man sollte Bier nehmen.

Gestern hatte ich beim Weggehen aus dem *Green Cottage* auf der Aschermittwochs-Speisekarte des Gasthauses *Zur Goldenen Glocke* von Wallerwürsteln und Knurrhahn gelesen, deswegen ging ich heute mittag hin.
Der Knurrhahn stand nicht mehr auf der Karte, die anderen Fische gab es noch. Ich nahm Gesulzten Karpfen, Fischbeuschelsuppe und Wallerwürstel mit Petersfischfilet und dachte mir beim Essen, man müßte mal Blindverkostungen mit Speisen machen. Beispielsweise dieser Gesulzte Karpfen in der *Goldenen Glocke*, einem ganz normalen Gasthaus mit roter Blümchentapete, üblichem Mobiliar und Plastikblumen, in dem der Piccolo genauso watschelt wie der Kellner (der Uraltwitz mit »Haben Sie Froschschenkel?« fällt einem angesichts dieser orthopädischen Doublette unweigerlich ein - gehört der Kellnergang zur Piccoloausbildung?): Klar, wenn man sieht, wie die Vorspeise angerichtet ist, weiß man, daß man sich nicht in einem Haubenlokal befindet: Die Portion der aus einer Schüssel

gestülpten Sülze ist viel zu groß, und als Garnitur gibt es nicht nur Blattsalat, sondern auch ein Fünfzigerjahre-Objekt, das ich seither nicht oft gesehen habe, nämlich einen Fliegenpilz aus Ei und Tomate. Aber wenn man die Gemüse-Karpfen-Sülze in Scheiben schnitte und etwas eleganter auf den Teller brächte, könnte man sie dann von der eines Haubenlokals unterscheiden? Ich glaube es nicht, ebensowenig das Wallerwürstel (das optisch einer schlanken Weißwurst glich) oder das Petersfischfilet (wohl aber die Sauce dazu, aber die ist auch einer der häufigsten Schwachpunkte der besseren Küchen).

Eigentlich wollte ich mich ja beim Shopping zurückhalten, aber dann betrat ich einen Naschmarktstand und nahm zuerst ein Mohnöl (weil ich in Vorarlberger Geschäften noch keines gesehen habe), Krebs»filets« in Öl und mit Fisch gefüllte Hummerscheren (die ich überhaupt nicht brauche), ein Trüffelöl (zum weiteren Durchtesten der Marken), eine Flasche »Ritual« (um es mit dem anderen Guarana-Getränk, dem XTC, zu vergleichen), ein Glas schwarze Olivenpaste (weil ich die so gern an Nudeln tue) und ein Pesto (weil ich nun schon am Einkaufen war).

Im *Wien wie es ißt '94* finde ich einen Artikel von Christoph Wagner über die Sechshauserstraße, in dem er die dort befindlichen Lokale aufzählt und schildert, von denen keines in den Empfehlungen der Gourmetpublikationen auftauchen wird, die

dafür aber regelmäßig von realeren Gästen als den Kritikern besucht werden.
Das ist ein hochinteressantes Stück Soziologie - ich wünschte mir nur eine ausführlichere Behandlung und zur Synchronie auch noch eine diachrone Darstellung.
Ich habe leider keinen Ort, über den ich so etwas schreiben könnte, die Quellenstraße in Bregenz hat sich zwar in den vergangenen zwanzig Jahren radikal verändert, ist aber halt doch bloß von ganz lokalem Interesse, obwohl ihr Schicksal - von der Durchzugsstraße mit Hurenlokalen zur heutigen verkehrsberuhigten Zone mit Pizzerien - sicher nicht untypisch ist.
Gerne läse ich solche Arbeiten über bestimmte Ferienorte, etwa auf den Kanaren oder Kreta, in denen zunächst die Küche für die Gäste die einheimische verdrängt hat und dann vermutlich alle Moden mitgemacht worden sind, bis möglicherweise die Mode, Landesküche zu essen, wieder - irgendwie pervertiert vermutlich - zu den Anfängen zurückführt.

Mittags in einem Lokal am Bodensee, das eine Gourmetzeitung zusammen mit neun weiteren aus den hunderten am deutschen Ufer herausgesucht hat, also damit wohl auch zu den besten zählt (unter den anderen neun sind beispielsweise die *3 Stu-*

ben von Stefan Marquard, die das nun wirklich nicht verdient haben).

Die erste Auffälligkeit waren gebrauchte Papieruntersetzer für den Wein: Die Bedienung brachte die Weißweingläser mit vergammelten Papierscheibchen, auf denen man alte Rotweinringe sah. Das hätte ich, gutwillig, wie ich da noch war, für schwäbische Sparsamkeit gehalten, und für eine mehr oder minder liebenswerte Marotte - wenn es dabei geblieben wäre.

Das Grammelschmalz war mit Knorr-Aromat oder einem ähnlichen Mittel aromatisiert.

Wir hatten je ein Viertel Hagnauer Weißherbst und Verrenberger Riesling; wir waren uns ziemlich sicher, daß die Frau die beiden farblich fast identischen Weine in völlig gleichen Gläsern verkehrt serviert hatte; auf meine schüchterne diesbezügliche Frage fuhr sie mich an, nein, es habe alles seine Richtigkeit. Der Vergleich macht Sie sicher.

In meiner Bodenseefischsuppe schmeckte etwas faulig - es war aber nicht der (natürlich nicht aus dem Bodensee stammende) Lachs, wie ich zuerst geglaubt hatte, sondern die Champignons. Auf Ingrids Vorspeisenvariationsteller faulten zwei Gurkenscheiben vor sich hin - die brauchte man nicht einmal zu probieren, man sah es ihnen an. Es schmeckte auch sonst nicht besonders; zum Glück gab es nur wenig, für DM 18,50.

Meine Hauptspeise, saure Kutteln, war passabel; Ingrid bekam eine Entenkeule, die ich nicht gegessen (allerdings auch gar nicht erst bestellt) hätte, sie ver-

zehrte einen Teil davon und spuckte nur den beigegebenen Blumenkohl aus, der mit einer ranzigen gelben Masse überbacken war.
An den beiden nächsten Tische beschwerten sich Gäste; ich hörte nur die Antworten der Bedienung: »Das ist eben hausgemacht!« und »Das gehört genau so!«
Die Wirtin kam fragen, wie es uns geschmeckt hatte. Ich log, weil ich an die Szene in *Brust oder Keule* denken mußte, wo die Wirtsleute Louis de Funès mit vorgehaltenem Gewehr zum Essen zwingen, und ihm bei jedem Bissen ein Furunkel aufplatzt.
Jetzt übertreibe ich natürlich. Wir hatten beide erwartet, daß wir krank würden (ich von den Champignons, Ingrid von dem gelben Zeug, das sie nicht schnell genug ausspucken konnte), das war aber nicht der Fall.
Als wir aufstanden, sah Ingrid, daß auf ihrer Seite am herabhängenden Tischtuch ein nahezu vollständiger Eidotter klebte, allerdings schon völlig eingetrocknet.
Ich nenne den Namen des Restaurants nicht nur aus rechtlichen Gründen nicht; sondern, weil das ganze Geschehen für meine Erfahrungen mit der deutschen Gastronomie nicht gerade singulär ist, wenn es auch nicht immer so kraß zugeht.

Und weiter in Deutschland: In Memmingen bestellte ich im Bahnhofsrestaurant die Bohnensuppe, aber die war sauer. Daraufhin die Gulaschsuppe, die

war frisch gemacht, bestand aber fast nur aus einer dünnen roten Brühe mit gelbem Ölrand.
In Bonn ging ich am Bahnhof ins Coffeehouse, da kostet der kleine Espresso 4,20 DM, und auf der Getränkekarte steht großartig: »Zu diesen Getränken servieren wir Ihnen ein leckeres Butterplätzchen.« Dieses leckere Butterplätzchen ist einer jener vollindustriell hergestellten und zellophanverpackten Karamelkeks, die man mittlerweile wohl überall ohne Ankündigung kriegt und dessen Zutatenliste endlos lang ist und zwar Vollsojamehl, »Gewürz« und Backtriebmittel, aber natürlich keine Butter aufzählt.
Bei der Schriftstellertagung in Münstereifel sind lauter nette Leute, aber auch hier gibt es mittags trockene Kasseler mit fast unbehandeltem Sauerkraut und Fertigpüree, abends Mettwurst und Käse, dazu immer Tee oder Kaffee bis zum späten Abend. In Österreich trinken bei den meisten Schriftstellertreffen bloß die Teilnehmer nicht den ganzen Tag Alkohol, die gerade eine Entziehungskur hinter sich haben.
Nachts griff doch alles zur Flasche, ich zum roten Helmenheimer Burggarten 1993, aber nur einmal, danach trank ich das vorzügliche »Köstritzer« Schwarzbier.
In Bonn ging ich in der Innenstadt in den *Bären*, aß Linsensuppe und eine Ochsenzunge und trank ein Kölsch dazu. Die Suppe war okay, die Zunge selbst auch, die Sauce wie zu erwarten, die Erbsen hatte man, vermutlich nach langer Überlegung, wie

man gewöhnliche Tiefkühlerbsen *deutsch* machen kann, in Unmengen von zerlassener Butter gerührt und dann mit Käse überbacken, sonst wären sie ja leichtverdaulich und wohlschmeckend gewesen.

Abends in Münstereifel ging ich in den *anderen* Italiener, weil ich den vom letzten Jahr als nicht besonders gut in Erinnerung hatte; zunächst wurde ich angenehm überrascht, die Antipasti-Vitrine sah vielversprechend aus, ich suchte mir die gemischte Vorspeise zusammen und wartete dann verdächtig lange, bis mir klar wurde, daß sie die Melanzane und Zuchini, die ich kalt essen wollte, in die Mikrowelle geschoben hatten; der Kellner wußte nicht, was für ein Wein die einzige halbe Flasche auf der Karte, der Corvo, war; brachte ihn, öffnete ihn am Tisch, goß den ersten Schluck in ein eigenes Glas, und hörte dann auf, lange zu fackeln, er schenkte mir voll ein und verzog sich, halbe Flaschen muß der Gast offenbar nicht probieren. Der secondo piatto war dann der Tiefpunkt: völlig verkochte Spaghetti in einem mit Rahm gestreckten Pesto.

Dafür wurde optisch etwas geboten. Am Nebentisch saß ein sehenswertes Paar, das sich ständig verbal und körpersprachlich versicherte, wie gut und wie authentisch das Essen sei. Ihn hätte man für John Cleese halten können, der einen Deutschen parodierte, aber ich glaube nicht, daß Cleese das ohne Publikum in einer Pizzeria in Münstereifel macht, also war diese nahezu unglaubwürdige Erscheinung des unfreiwilligen Parodisten von ethnischen Stereotypen wohl echt; die Frau war vom eher preußischen Typ mit grauem Kurzhaar, wo man nicht darauf wetten möchte, ob es wirklich die Gattin und nicht vielleicht doch die Mutter ist. Einen Tisch weiter saß der häßliche Deutsche in seiner Epiphanie als jüngerer Manager mit Handy und raumfüllendem Geschwätz; er rauchte, während seine Frau und die beiden italienischen Geschäftsfreunde (von Cleese beglückt als weiteres Element von Authentizät vermerkt) ihre Antipasti verdrückten.

Auf dem Nachhauseweg las ich noch die Speisekarte eines Hotels, auf das mich ein beleuchtetes Schild *Internationale Spezialitäten* aufmerksam gemacht hatte. Auch hier wurden meine niedrigstgeschraubten Erwartungen unterboten: die »internationalen Spezialitäten« waren das Schnitzel *Monsignore* (mit Käse überbacken), das Medaillon *Shanghai* und das Schnitzel »Wiener Art«.

Und nun zu etwas ganz anderem: Zur Kunsthallenausstellung über Pompeji *Unter dem Vulkan* gab's im Museumsrestaurant Spezialitäten nach Apicius, allerdings ein bißchen bescheidener, als ich erwartet hatte, nämlich nur drei: Cucurbitas cum gallina, Patina solearum und Dulcia domestica, also Zucchetti mit Huhn, Schollenauflauf und eine Süßspeise aus in Honig gebratenen Datteln mit Pignolifüllung. Als Getränk wurde Mulsum angeboten, ein römischer Würzwein aus Riesling, versetzt mit Ingwer, Harz und Honig. Aus Fahrplangründen kam ich nicht zum Probieren.

Der IC, mit dem ich im strahlenden Sonnenschein den Weinbergen am Rhein hinter Koblenz entlangfuhr, trug den unpassenden Namen *Nebelhorn*; die Küche (unter dem Mitropa-Motto »Genuß in einer Dimension«) erwies sich als ausgezeichnet, der »Gefüllte Kohl mit Quetschkartoffeln« wäre auch in einem Haubenrestaurant nicht fehl am Platz gewesen. Er stand auf der Tageskarte, unter dem Motto »Sachsen-Anhalt bittet zu Tisch«. Man hätte als Aperitiv einen Rotkäppchen-Sekt trinken können (Ich verschob die erste Begegnung mit dem berühmten DDR-Gesöff auf ein andermal), und dann wählen zwischen Altmärkischer Hochzeitssuppe (Hühnerbrühe mit Fleischklößchen und Eistich), Anhalter (Kohlrabieintopf mit Kasseler Rauchfleisch), Halberstädter Würstchen, Harzer Wurzelfleisch, Genthiner Pottsuse (Schmalzfleisch) und Salzwedeler Baumkuchen.
Auch der Nachtisch, eine Käseplatte mit Harzer und Bördespeck, ließ nichts zu wünschen übrig, die Käse hatten die richtige Reife, der Harzer war deftig, und der Bördespeck delikat.
Zu trinken gab's einen 1993er Müller-Thurgau Saale Unstrut oder einen 1993er Dornfelder Saale-Unstrut, ich nahm - wie immer - den Roten, nur zum Probieren. Er war, wie ich ihn mir vorgestellt hatte. Man kann deutschen Rotwein nur im Weinseminar verwenden, zum Demonstrieren: »Heute lernen wir etwas über jene Eigenschaft, die man *Struktur* nennt. Probieren Sie vom Wein im linken Glas. Er schmeckt wie Fruchtsaft mit Alkoholzusatz, es gibt

weder einen ersten Eindruck noch einen Abgang. Eine Art Fruchtbrühe also. Jetzt probieren wir den rechten. Er schmeckt vielleicht nicht, aber man kann ein paar Geschmackseindrücke voneinander unterscheiden. Das Manko des ersten und diese Eigenschaft des zweiten ist das, was man Struktur nennt und worüber wir heute etwas lernen wollen. Der erste war übrigens ein guter deutscher Rotwein, der zweite ein mittelmäßiger italienischer Tischwein.«

Wenn der Geruch der Drüsen in der Leistengegend wirklich Hinweise auf den Zustand des Immunsystems gibt, frage ich mich, wo die naturheilkundigen Schrittschnüffeldiagnostiker bleiben.

Hund fraß Herrl, Mutter fraß Kinder ... was haben wir nur getan, daß wir in so interessanten Zeiten leben müssen?

In Köln ist eine Frau mit 4,37 Promille Alkohol im Blut festgenommen worden; das dürfte Rekord sein, zumindest bei den Damen. Sie fiel der Polizei auf, weil sie mit ihrem Kleinauto beharrlich gegen einen Sperrpfosten fuhr.

In drei Tagen vom Verächter zum Proselytenmacher: Wenn meine Mutter bei den üblichen Migros-Besuchen (rhetorisch) fragte, welche Schokolade sie kaufen solle, erwiderte ich rituell, das sei gleichgültig, es sei doch alles dasselbe, nur verschie-

den verpackt; und Trinkschokolade ist eines der wenigen Caféhaus-Angebote, das ich grundsätzlich ausschlage, weil mir von dem üblichen dünnen Gesöff aus mit Wasser verrührtem Kakaopulver mit einem - meist angesäuerten - Sahnehäubchen ohnehin nur übel würde.
Die Übersetzung des Morton-Buches über Schokolade hat mir nun einerseits ein bißchen Zusatzwissen verschafft (beispielsweise über die Unterschiede zwischen Criollo und Forastero), andererseits eine gewisse Neugierde geweckt - so daß ich eine Tafel von Mehringers neuer selbstgemachter Schokolade kaufte, als ich sie vor ein paar Tagen beim üblichen Konditoreibesuch sah. Die war schon sehr überzeugend (obwohl sich das »selbstgemacht« hauptsächlich aufs Gießen der Tafeln bezog, die Kuvertüre war fertig gekauft), aber das eigentliche Saulus-Paulus-Erlebnis hatte ich vorgestern in München, als ich einmal einen anderen als meinen üblichen Weg vom Viktualienmarkt zum Pornoladen nahm (in fremden Städten orientiere ich mich per Wegdressur) und deshalb an einem Confiseur in der Heiliggeiststraße vorbeikam, der auf einem Kärtchen im Schaufenster Trinkschokolade, die Tasse zu DM 3,50, annonciert hatte. Ich erinnerte mich daran, gelesen zu haben, daß die übliche Trinkschokolade eine Mischung aus Wasser, 40 Prozent Zucker und je 28 Prozent Milch- und Kakaopulver ist, mit Zusätzen von Lecithin als Emulgator und den üblichen »naturidentischen« Aromastoffen, deshalb probierte ich nun aus Neu-

gierde. Diese Schokolade hier wurde frisch gerieben und schmeckte phänomenal: köstlich vom Geschmack her und auf eine Art sättigend, für die mir das Wort »befriedigend« am passendsten scheint - mein üblicher Zwang, auf etwas Süßes immer noch etwas Nicht-Süßes essen zu müssen, blieb diesmal aus, im Gegenteil, ich genoß den Nachgeschmack (die »Mundauskleidung«, wie es in der Nahrungsmittelindustrie heißt) noch lange. Im Anschluß an diese beiden starken Eindrücke kaufte ich drei Sorten Schokoladetäfelchen mit hohem Kakaogehalt (Fleur de Cao von Barry in Meulan mit 70 Prozent und Caraibe sowie Guanaja, beide von Valrhona in Tain-L'Hermitage, mit 66 bzw. ebenfalls 70 Prozent) und verteilte sie in meinem ganzen Bekanntenkreis, wo sie recht gut ankamen - außer natürlich bei einer Buchhändlerin, die das winzige Täfelchen in mikroskopische Viertel zerbrach und mir ihr Faible für weiße Schokolade eingestand, während sie höflichkeitshalber an einem Splitterchen knabberte.

Im übrigen stand der Münchenaufenthalt im Zeichen des *Straubinger Hofs*, in den ich zwar nur geraten war, weil meine eigentlichen Pläne sich zerschlagen hatten: Ich hatte ins *Poseidon* geschaut in der Hoffnung auf Steinbohrermuscheln, es gab aber keine, und das Sushi um 39 Mark sah eher mickrig aus; dann suchte ich das *Motai* in der Hans-Sachs-Straße auf, aber das hat nur abends offen und ich stand mittags um halb eins vor der

Tür; also ging ich zurück zum *Straubinger Hof*, den ich von einem früheren Münchenbesuch her in guter Erinnerung hatte. Hier könnte ich mich durch die Karte fressen, wenn die Zeit ausreichte, es gibt eine Menge Speisen, die man bei uns nicht kriegt, von der Knöcherlsulze bis zum gesottenen Ochsenbackerl; eine Zeitlang erwog ich die Bestellung eines gebratenen Spanferkelkopfes, aber auch für das gebackene Kalbszüngerl, die Wollwürste oder ein schlichtes Wellfleisch gab es gute Argumente; zuletzt entschied ich mich für die Kälberne Briesmilzwurst, in Butter gebraten, mit Krautsalat. Vom Spanferkelkopf hatte ich Abstand genommen, weil ich mir vorstellte, wie er mit geknickten Ohren und verzerrtem Grinsen aus dem Teller emporwuchs und mich aus winzigen leeren Augenhöhlen anstarrte - eine ebenso verlockende wie abstoßende Vorstellung, bei der ich mir schon darüber im klaren war, daß er sicher nicht so auf den Tisch kommt, sondern in unerkennbarer Form wie der Kalbskopf.
Vor der Milzwurst nahm ich die Pfannkuchensuppe, von der ich mir Wunder was erwartete, bis ich draufkam, daß hier die Frittatensuppe so heißt. Kurioses auch beim Nachtisch: Statt »Pofese« schreiben sie »Bavese«, so daß ich mich frage: warum nicht gleich »alla bavarese«?
Nach dem Essen schlenderte ich ein wenig über den Viktualienmarkt, der nicht allzu groß ist, aber zumindest auf manchen Gebieten ein erstaunliches Angebot hat: so gab es an einem Fruchtstand unter

anderem frische Jackfruits (in Scheiben geschnitten), Nespoli und ganze Durians, von denen ich gern eine mitgenommen hätte, aber ich wollte nicht drei Stunden lang mit der Stinkfrucht im Zug sitzen.

Zur Sprache der Speisekarten: Ich hatte Wolfgangs zum Abendessen eingeladen und es gab Schnecken, Gefüllte Paprika, Kalbsbries und Käse. Also nix Besonderes. In der Diktion der heute üblichen Speisekarten hieße das freilich so:

»Schnecken zurück in die Zukunft«
Weinbergschnecken mit jungen Zwiebeln und frischem Knoblauch
in halbfesten Kartoffeln im Rohr gegart

*

»Zweierlei Schoten«:
Mit Parmaschinken, frischem Basilikum und griechischem Schafkäse gefüllte weiße türkische Paprika an einer feinen Sauce aus püriertem rotem Paprika mit Sambal Oelek

*

Im Dampf von weißem Port mit Himalaya-Safran gegartes
Vorarlberger Kalbsbries
mit schwarzem Thaireis an Limonenbutter

*

Schafscamembert aus Dornbirn

Sieht das nicht gleich nach mehr aus? Ich habe nur den unvermeidlichen orthographischen Fehler, den man in jeder Speisekarte findet, weggelassen.

»El Sueño« stand auf meiner Speisekarte im *Deuring Schlössle*, und ich kam erst nach einer Weile darauf, daß keineswegs alle so heißen, weil Paul Renner sie unterschiedlich gestaltet und benannt hat (eine andere heißt beispielsweise »Vinaigrette - Wiener Grete«. Für mich war aber »El Sueño« schon die richtige. Ich assoziierte natürlich Goya. Wenn ich ein Schloß sehe, denke ich ohnehin an die Guillotine. Hier nicht wegen der Wirtsleute (der Rückzug der Alten hat der Atmosphäre gut getan), eher wegen des Publikums, Klugscheißer mit »Geheimtips« aus dem Wochenendfeuilleton und Ignoranten: ein paar Tische entfernt bestellte einer dreimal das Menü, aber mit kleinen Änderungen: »Nichts, was nach Fisch schmeckt oder irgendwie mit Fischen zu tun hat ... und kein Knoblauch ... nein, Bärlauch macht nichts.«
Man hatte mich in eine Art Ornithologenloge gesetzt, ich konnte ohne Verrenkungen den Vögeln im Geäst vor den Fenstern zusehen, vor allem Rotkehlchen waren damit beschäftigt, ihre Reviere abzustecken, später dann, als sich die Gänge der Reihe nach als vorzüglich erwiesen und der Chablis bis in die Fingerspitzen vorgedrungen war, verfiel ich in den bei solchen Gelegenheiten sich manchmal einstellenden Zustand, wo ich mich alt, fett, degeneriert und glücklich fühle und mir ein Lucius-

Beebe-Zitat durch das Gedächtnis geistert: »Ich bin lieber das goldene Blatt auf dem schwarzen Strom einer zerfallenden Zivilisation als das junge Samenkorn im Boden einer neuen Kultur.«

Ein Beispiel aus der Sparte »Zeitungsmeldungen, die sich selbst erledigen«: »(AP) Immer mehr Feinschmeckerlokale in Südchina setzten gesetzlich geschützte Giftschlangen wie die Boa constrictor, Königspythons und Grubenottern auf die Speisekarte.« Hoffentlich kriegen wir noch einmal ein Schulsystem, in dem auch die Klippschüler, die nachher in den Journalismus gehen, erfahren, daß Riesenschlangen nicht giftig sind.
Was aber nichts am Dauerthema ändert, daß die Chinesen alles auffressen. Wenigstens werden sie am Schluß konsequent genug sein, miteinander weiterzumachen. Die Fötensuppen in Shenzhen sind ein guter Anfang.

Schon wieder in Wien.
Mittags mit Robert im *Do & Co*, aber nicht im Haashaus, sondern im ursprünglichen Lokal. Die Galway-Austern waren so gut wie erwartet, die Lachsravioli fielen dagegen ein wenig ab, am interessantesten fand ich, daß die Bedienungen wie Zofen aus einem SM-Film angezogen waren: Blondinen in hochgeschlossenen weißen Blusen und sonst in Schwarz vom kurzen engen Rock über die

Strümpfe bis zu den hochhackigen Schuhen. Zum Casting für *Spanking the maid* fehlten nur Häubchen und Schürzerl.
Im *Do & Co* kann man die angebotenen Gerichte auch mitnehmen, beispielsweise eine Fischplatte namens »Skipper«; Robert erzählte von einer Einladung, wo die Gastgeberin so tat, als habe sie die Sachen selbst zubereitet, und auf die Frage, was für ein Fisch das sei, treuherzig versicherte: »Ein Skipper.«
Abends allein im Schanigarten des *Kornat*. Ich war eigentlich nur wegen der Steinbohrermuscheln hingegangen, die stehen zwar immer noch auf der Karte, es wird aber keine mehr geben. Der Kellner meinte, sie seien ja schon immer geschützt gewesen, aber neuerdings würde das zuständige kroatische Gesetz wider Erwarten auch vollzogen. Statt daraufhin ins *Hansy* auf einen Bauernschmaus zu gehen, blieb ich Dummkopf sitzen und bestellte einen Branzino. Für 327 Schilling bekam ich ein Essen, von dem ein Model auf Amphetaminen nicht satt geworden wäre: den (wohlschmeckenden) Fisch, drei (durchschnittliche) Petersilkartoffeln, einen (schlecht angemachten) Salat, ein Viertel Wein, dessen Namen (Grasevina) ich mir gemerkt habe, damit ich ihn nicht nochmals versehentlich bestelle, und das Gefühl, im nächsten Moment von dem Zaun neben meinem Tisch gepfählt zu werden, weil eines der durch die Marc-Aurel-Straße brausenden Autos fünfzig Zentimeter zu weit rechts fahren und dadurch das Holzgeländer in eine eingelegte

Lanze verwandeln würde. Da hätte ich dann eine ganz persönliche Entsprechung jener Längsgräte, die man dem Branzino bereits vor dem Servieren entfernt hatte, obwohl ich dazu durchaus in der Lage gewesen wäre.
Ein schlichter *Nordsee*-Bismarckhering half später dem Branzino, meinen Magen zu füllen.

Aus dem Editorial der Stadtzeitung »Falter« 16/95: »Danke, liebe Schnitzelbrater. Ihr habt Jewgenij Chaldejs Cholesterinspiegel beträchtlich erhöht, indem ihr ihn durch seinen Wien-Aufenthalt gefüttert habt. Tatsächlich hat der russische Fotograf, anläßlich der Präsentation des *Falter*-Bandes *Die Russen in Wien - die Befreiung Österreichs* in der Stadt, laut Herausgeber und Betreuer Erich Klein die ganzen sechs Tage keine andere Speise als Wiener Schnitzel zu sich genommen; an den exklusiveren Kochstellen Wiens ließ sich der 79jährige gleich bis zu einem Dutzend Kalbsschnitzel einpacken, um diese dann in ihren kleinen Alufolie-Särgen nach Russland zu überführen. So wörtlich kann man *Schnitzelland* nehmen.«

Endlich *Eat Drink Man Woman* von Ang Lee gesehen; der Film ist ein wahres Vergnügen. Natürlich macht er Lust auf chinesisches Essen, vor allem wenn man wie ich mit knurrendem Magen in der Spätnachmittagsvorstellung sitzt. Die im Film gezeigte Qualitätsstufe gibt es in Wien ohnehin nicht, deshalb stand mir der Sinn nach Verlassen des

Kinos eher nach sättigenden Quantitäten, und ich überlegte eine Zeitlang, ob ich zum *Lou Chow* gehen oder das Chinesische streichen und nur das Sättigende übriglassen und den *Hansy* aufsuchen sollte. Zuletzt ging ich dann doch zum *Mraz.* Dort gab's erst Gänselebercarpaccio, dann Perlhuhn mit Morcheln. Die Schnapskarte ist mittlerweile auf 86 Posten angewachsen, ich spielte mit dem Gedanken, die Adlitzbeere von Kiesbauer in Michelbach zu probieren (mit 170 Schilling für 2 cl nicht der teuerste auf der Karte, da kommt noch der Grappa Fatiga dell'Uomo von Romano Levi um 300), nahm dann aber die Hagebutte von Schlosser.
Das Gänseleber»carpaccio« bestand natürlich aus dünnen Scheiben Gänsestopfleber, und sollte eigentlich nicht »Carpaccio« heißen, denn dieses Gericht verdankt seinen Namen den Rottönen des *carne crudo* - so hieß es, bevor ein findiger Wirt angesichts einer Carpaccio-Ausstellung auf den neuen Namen kam - und was nicht rot ist, sollte deshalb nicht so genannt werden.

Las vom 5er aus »Karpfen« als Tagesgericht auf den Tafeln vor dem *Thullner*, einer Gastwirtschaft in der Nähe, in der bei meinen ersten Besuchen vor fünfzehn Jahren noch Sägemehl auf dem Boden lag. Wohl auch auf Grund der Nähe zu einer Spedition, deren Arbeiter hier essen, gab es schon immer riesige Portionen, heute also um 88 Schilling einen randvollen Teller Leberspätzlesuppe, den serbischen Karpfen mit Kartoffeln und eine Nußschnitte als

Nachtisch. Die Unterschiede zu teuren Lokalen liegen weniger in der Qualität (der Karpfen kostet anderswo das Dreifache, ist aber ganz sicher nicht dreimal besser), sondern im Ambiente: beispielsweise sehen Teller und Bestecke nach Geschirrschwemme aus. Oder der Service: eine freundliche Tschechin brachte, kaum daß ich bestellte hatte, die Suppe, dann verging eine sehr lange Zeit, bis der Karpfen kam, dafür stellte sie mir das Dessert schon hin, als ich den Fisch etwa zur Hälfte gegessen hatte. Der Blumenschmuck war natürlich auch noch nicht da, aus dem Zaun des Schanigartens ragten nackt die Haken, in die später die Geranientröge gestellt werden sollen, ich hängte meine Jacke darüber.

Die Boulevardzeitungen ereifern sich über einen chinesischen Restaurateur, der angeblich seinen Koch zerstückelt hat (den Kopf hat man aus der Donau gefischt, eine tätowierte Hand, die Unterschenkel und einen Teil des rechten Arms sonstwo zusammengeklaubt). Ich finde das besser als erwartet, ich hätte den Koch zuerst in der Tiefkühltruhe vermutet und später kleinteilig in den *Acht Schätzen*. Andererseits fehlen ja alle fleischigen Teile und die Innereien dieses ehemaligen Angestellten des Restaurants »Zur höchsten Harmonie«.

Kaufte mir im MAK-Shop eine Brosche in Form einer Spiralnudel. Es hätte auch Hörnchen, Käse und Gemüse gegeben, die Spiralnudel sieht aber so realistisch aus, daß sicher irgendwann jemand versuchen wird, sie mir vom Revers zu wischen. Außerdem können Kellner schreckensbleich dem Koch melden: »Der Mann mit der Nudel ist da!«

Vor mindestens zwanzig Jahren schockte mich in einem Dokumentarfilm ein Bericht darüber, was die Fischindustrie eines südamerikanischen Landes (ich glaube, es war Chile) aus dem Großteil der prächtigen Fische aus dem Golfstrom machte, deren Fang man zuvor gesehen hatte, nämlich Fischmehl. Wenn in den letzten Jahren vom Rückgang der Fischereierträge die Rede war, fielen mir immer jene Bilder ein und ich verbreitete mich zornig über den unglaublichen Raubbau, der da früher betrieben worden sei.

Jetzt lese ich, daß von den 82 Millionen Tonnen jährlich gefangenem Fisch nach wie vor 28, also mehr als ein Drittel, zu Fischmehl verarbeitet wird! 24 Millionen Tonnen wirft man als *Discard* überhaupt weg. Die FAO warnt nun vor dem Aussterben der Speisefische und scheint sogar noch an die alte Idee vom Meer als Nahrungsquelle des 21. Jahrhunderts zu glauben! Ich aber sage euch: Es wird nicht einmal mehr Krill zu fressen geben.

Ein illustratives Beispiel für die Unfähigkeit des Menschen, mit der Umwelt umzugehen, ist auch das jetzt drohende (und wohl unaufhaltsame)

Aussterben des Quastenflossers. Seine Bestände schrumpfen offenbar deshalb so rapid, weil die Eingeborenen auf den Komoren jetzt doch wieder in Küstennähe fischen; die Motorboote, die ihnen die EG vor ein paar Jahren spendiert hat, damit sie weiter hinausfahren können, sind mittlerweile kaputt, vor Ort kann sie niemand reparieren, also fangen die Komorer halt wieder die küstennahen Ölfische, mit denen regelmäßig die letzten Quastenflosser ins Netz gehen. Da diese ungenießbar sind und auf Grund ihres Schutzes auch nicht mehr offiziell an Forscher verkauft werden können, rotten die Kadaver dann irgendwo vor sich hin.

Vor ein paar Jahren kämpfte man noch darum, den Japanern den Fang von Quastenflossern zu verunmöglichen - die wollten mit einem U-Boot lebende Fische zur Untersuchung und Haltung in Aquarien fangen, weil sie sich vom Quastenflosser, einem seit Jahrmillionen unveränderten Fisch, der seinen Stoffwechsel extrem verlangsamen kann, eine lebensverlängernde Droge versprechen. Damals kam mir dieser Analogieschluß ziemlich hirnrissig und das ganze Unternehmen »typisch japanisch« vor (vgl. ihre Skrupellosigkeit beim Walfang), aber jetzt denke ich mir, es wäre noch immer gescheiter gewesen als die derzeitige Entwicklung.

Ein bißchen erinnert die Sache auch an den Dodo, dessen allerletzes Exemplar von einem besoffenen Matrosen mit einer Bierflasche erschlagen worden sein soll.

Wie sehr man ohne Guide im Dunkeln tappen kann, sehe ich jetzt nach der Lektüre von zwei Artikeln über Malta - ich hatte die Insel als zwar landschaftlich sehr beeindruckend, aber kulinarisch belanglos in Erinnerung. Der Schwertfisch hieß hübscherweise *Pixxispad*, schmeckte aber fad wie überall, und ich erinnere mich, einen Weißwein weggeschüttet zu haben, weil wir uns nicht darüber klar werden konnten, ob er wirklich verdorben war oder nur sehr seltsam schmeckte. Jetzt lese ich, daß es in Marsascala hervorragende Restaurants gibt (wir waren natürlich stattdessen in Marsaxlokk), in denen das Carpaccio di pesce mit wildem Fenchel garniert ist, der Oktopus in Pernod gesotten wird, und die pasta di pòlipo aus Spaghetti mit winzigen Tintenfischen besteht. Das Fischangebot reicht von Lampuki und Dott über Dentici und Cerna zum Pagru, am besten soll der Spnot sein - was auch immer das ist. Bei meinem nächsten Malta-Besuch werde ich ihn bestellen, denn ich esse gerne etwas, das viermal soviel Konsonanten wie Vokale enthält - das spürt man zwischen den Zähnen.

Bei sehr vielen Lebensmitteln wird man als Konsument einigermaßen verwirrt, wenn man regelmäßig die Medienberichte verfolgt - am meisten wohl beim Tee.

Da sind auf der einen Seite die Bücher (und die aus ihnen abgeschriebenen Zeitungsartikel), die einem versichern, wie überaus gesund Tee sei, vor allem der grüne; dann erscheint alle Jahre wieder irgend-

wo ein Testbericht mit dem Ergebnis, oft seien gerade die besten Tees mit hohen Giftrückständen belastet, und dann geht es manchmal noch eine Schraubendrehung weiter mit den Gegendarstellungen, in denen die Tester der Lüge oder der Schlamperei bezichtigt werden.
Der aktuelle Anlaß für diese Notiz: Anfang dieses Monats sah ich beim routinemäßigen Check im Zeitschriftenladen, daß das Frankfurter Konsumentenmagazin *Öko-Test* einen Artikel über Gift im Tee brachte, kaufte es und las, daß beispielsweise Grüntee aus Darjeeling eine gegenüber der deutschen Norm um das Sechsfache erhöhte Belastung mit dem Pilzbekämpfungsmittel Pentachlorphenol aufweise. Jetzt, am Monatsende, lese ich im *Spiegel*, es sei da möglicherweise etwas zugunsten eines bestimmten Anbieters gedreht worden.
Überprüfen kann ich, der ich täglich mindestens drei bis vier Tassen Tee, schwarzen und grünen, trinke, selbst natürlich gar nichts, meine Leber hat keine Außenanzeige. Beim Wechsel zu verstärktem Kaffeekonsum wäre zu bedenken, was ich neulich über einen giftigen Pilz auf Kaffeebohnen gelesen habe, und was man in den (von mir wegen ihres größtenteils widerlichen Geschmacks nur sehr wenig konsumierten) Guarana-Getränken noch alles finden wird, male ich mir erst gar nicht aus.
Also denke ich in Hinkunft das Mantra »Dank Flavonoiden geht es mir jeden Tag besser und besser«, während ich meinen köstlichen Makaibari schlürfe.

Lustig ist das schon: Früher waren die Zöllner auf Fleisch besonders scharf, man durfte keine halbgegessene Leberkässemmel über die Grenze bringen, geschweige denn in Lindau die dort um Klassen besseren Weißwürste kaufen und deklarieren (in Österreich durfte der Schwartenanteil nicht so hoch sein). Seit dem EU-Beitritt kümmert sich von einem Tag auf den anderen niemand mehr darum, offenbar gelten die damals strapazierten Seuchenargumente und was es sonst noch früher alles an guten Gründen gab, plötzlich nicht mehr.
Die erste Epidemie ist allerdings schon eingeschleppt, derzeit grassiert die Buchstabenseuche im Land.

Kannibalismus konnotiert derzeit mit Rußland, von wo man ständig von solchen Vorfällen hört, zuletzt im Zusammenhang mit dem Serienmörder Dschumagalijew. In diesem Fall finde ich es weniger erstaunlich, daß er sich »erleuchtet und innerlich gereinigt« fühlte, wenn er das Blut seiner Opfer trank, oder daß er einmal ein rohes Stück Fleisch aus der Hüfte einer getöteten Frau aß, Brüste und Wadenmuskeln am Dachboden dörrte usw., sondern vielmehr das Detail, daß Landstreicher in Chabarowsk und Tschita in Plastikbeutel verpacktes, portioniertes Menschenfleisch zum Verkauf angeboten haben. Wenn Dschumagalijew, den man für den Produzenten dieser Ware hält, seinen Gästen tatsächlich mit Menschenfleisch gefüllte Maultaschen vorgesetzt hat, hat das eher privaten

Charakter, aber beim Hausierhandel wird der Kannibalismus dann doch öffentlich.
In Wien gibt es Plakate mit einem aus seinem Metallverschlag glotzenden Kalb und der Unterzeile »Ihr Schnitzel hatte Gefühle.« In Rußland könnten sie die offenbar mit irgendwelchen Ninotschkas darauf machen.

Radtour Schaan - Bad Ragaz - Landquart - Malans - Maienfeld - Schaan: eine der schönsten mitteleuropäischen Landschaften, gute Radwege, erstklassige Restaurants (*Schlüssel* in Mels, *Mühle* in Fläsch), und einmal mehr die Erfahrung, daß die Weine der Gegend am besten schmecken, wenn man sie beim Erzeuger trinkt.

In den letzten beiden Jahren haben Sozialwissenschaftler in 20 Ländern das Basiswissen der Menschen über Ökologie und Wissenschaften geprüft; die Ergebnisse sind in mancher Hinsicht kurios, so stimmten nur 18 Prozent der Russen dem Satz »Astrology has some scientific truth« zu, aber 69 Prozent der Kanadier (die insgesamt aber am besten abschnitten, während Rußland an vorletzter Stelle liegt; an letzter übrigens Polen). In Japan, dem Land mit dem großzügigsten Antibiotikaverbrauch, wußten 40 Prozent der Befragten nicht, ob der Satz »Antibiotica kill bacteria not viruses« richtig sei (in England, berüchtigt für seinen miserablen Gesundheitsdienst, erkannten das immerhin 72 Prozent als korrekt). Und nun zum Essen: Der Satz »All man made chemicals cause cancer if you eat enough of them«, stieß in den USA auf 47, in Neuseeland auf 53 und in Großbritannien sogar auf 57 Prozent Zustimmung. Die Befrager sind freilich der Meinung, daß er falsch sei.

Ich weiß, daß noch so viele Einzelbeispiele hundertjähriger Raucher und hundertzwanzigjähriger Schnapstrinker nicht das Geringste zur korrekten gesundheitlichen Einschätzung des Tabak- oder Alkoholkonsums beitragen.
Aber wenn ich jetzt wieder höre, daß man in 40 Prozent der nach EU-Standard »sauberen« Muscheln Hepatitis-A-Erreger und in 56 Prozent Rotaviren gefunden hat, erzähle ich doch noch einmal jedem, der es hören will, daß ich seit 30 Jahren jede Menge Muscheln verschiedener Arten in den unterschiedlichsten Etablissements verzehrt und dabei nur zweimal Salmonellen erwischt habe, und das war beidesmal in deutschen Nobellokalen, wo man die Austern in Wasserbecken hält statt auf Eis. Die Rasiermessermuscheln in Lissabon, die zur Präsentation den halben Vormittag in der Sonne lagen, die Herzmuscheln und Meeresschnecken in Barletta, deren Schale man an dem wackligen Stand frühmorgens am Hafen mit einem Ziegelstein zerschlug und die man dann in einem Teller mit sandigen Wasser spülte, die nach Apotheke schmekkenden Billigst-»Vongole« in Thai-Lokalen oder die üblichen Miesmuscheln aus dem *Nordsee im Messepark*, von denen sich immer schon drei Viertel

geöffnet haben, bis ich sie kaufe: sie alle haben mir noch nie was geschadet. Das liegt aber vielleicht weniger an den Mitbewohnern der Muschel als am Funktionieren des eigenen Immunsystems.

Die Schokoladenindustrie, von der ich dachte, es gehe ihr nicht besonders, scheint keine Werbung nötig zu haben. Als ich vor etwa einem Monat den Auftrag annahm, für das Update des von mir übersetzten Buches der Mortons ein Kapitel über Schweizer Schokolade zu verfassen, stellte ich mir das sehr einfach vor: Ich würde erst Suchard in Bludenz kontaktieren, dann die Chocosuisse in Bern, und zuletzt ein paar Confiserien und ein Schokoladenmuseum besuchen. Bei Suchard rief ich ungefähr zehnmal vergeblich an, die Frau, die die Öffentlichkeitsarbeit macht, ist gut abgeschirmt. Eine Sekretärin riet mir schließlich, doch erstmal meine Fragen zu faxen. Das tat ich, und vier Tage später bekam ich die richtige Person ans Telefon - allerdings wohl eher zufällig. Sie sagte mir, sie habe keine Zeit gehabt, mein Fax zu lesen, und sei überhaupt sehr beschäftigt. Ich bat sie, mir wenigstens die Adresse der Chocosuisse zu geben, worauf sie mich streng belehrte: »Sie sprechen mit einer österreichischen Firma!« (Dabei sind sie ein Appendix von Philip Morris.) Ich bat nochmal um die verdammte Adresse, und sie war gnädig: ich durfte später eine Sekretärin anrufen, die mir diese Auskunft gab. (Ich hätte natürlich auch die Auskunft anrufen können, daß die Chocosuisse in

Bern ist, wußte ich ja immerhin.) Meine anderen Fragen aus dem Fax - z.B. ob Suchard Bildmaterial bereitstellen wollte - kamen nicht mehr auf's Tapet. Schön, wenn die nicht in das einzige Couchtablebook über Schokolade wollen, mir soll's recht sein. Leider scheint sich auch die Chocosuisse nicht bei mir melden zu wollen, trotz eines weiteren flehentlichen Schreibens ...

Die Leiterin des Felder-Archivs brachte Lars Gustafsson zum Essen mit. Ich kochte nur, was sicher gelingt, es gab also ein Carpaccio, mit Schafskäse und Parmaschinken gefüllte Paprika, und Ossobuco mit riso giallo ... wir plauderten beim Gaja-Barbaresco darüber, wie man verhindert, daß sich das Ossobuco beim Garen einrollt, und über Ilya Prigogine (mit dem Gustafsson offenbar regelmäßig in der Uni-Kantine zusammensitzt), Willensfreiheit und Computer (der gar nicht technikfeindliche Gustafsson hat einen Quadra und zeigte sich von meinem Powerbook 540c fasziniert), später auch über eher österreichisch anmutende Themen wie den Tod (insbesondere den von Gustafssons Freund Sven Delblancs, der an Knochenkrebs starb). Amüsant wurde es, als ich zum Espresso Whisky anbot, bei der ersten Erwähnung sagte Gustafsson noch »Nein, nein, nein, auf keinen Fall, niemals Whisky vor sechs Uhr«, auf mein folgendes unausgesetztes Drängen & Locken verminderte sich die Zahl der Neins sukzessiv, und als ich ihn dazu brachte, am 18jährigen Macallan im Riedl-Malt-Glas zu riechen, konnte er natürlich nicht mehr widerstehen und brachte ein leuchtendes Beispiel für Willensfreiheit: man kann auch gegen die eigene Überzeugung und alle Vernunft mittags Whisky trinken, obwohl man nachmittags noch wichtige Dinge vorhat.

Die heimlichen Bestseller sind derzeit Bücher über Candida - sie schießen sozusagen wie Schwammerln aus dem Boden. Ich habe zwei davon gelesen (von denen sich eines als die populäre Fassung des anderen erwies), und begreife ihren Erfolg. Wenn es diese Hefe nicht gäbe, müßte man sie für Hypochonder erfinden: Sie ist allgegenwärtig, also auch an und in jedermann nachweisbar, die Ärzte kennen sich damit vermutlich tatsächlich nicht so recht aus, das Syndrom ist äußerst diffus, wer ist - ab einem gewissen Alter - nicht ständig müde, schlapp, sexuell lustlos, kurzatmig? Damit will ich keineswegs andeuten, daß ich nicht an die Möglichkeit einer solchen Infektion glaube.

Weil sich aus verschiedenen Gründen ergab, daß ich mehrere Tage hintereinander in Haubenrestaurants essen mußte (was ich sonst möglichst vermeide, wegen Esaus Sehnsucht), zog ich einen eigenen Abschnitt über diese Tage in Betracht, gab aber den Plan schon am zweiten Tag auf: über die Vorarlberger Gastronomie der Mittellage (also eine Haube oder Krone) gibt es einfach nicht genug zu schreiben. Das Essen ist zwar normalerweise nicht schlecht, aber auch nicht so gut, daß seine Beschreibung etwas hergäbe, und die Service-Kuriosa bleiben meistens auch im Rahmen.

Im Gasthaus in einer Ecke eine Gesellschaft von fünf Personen, darunter ein King-Size-Adipöser, der dem gängigen Witz, jemand wie er könne sich nicht ruhig am Strand sonnen, weil immer gleich Greenpeace-Leute versuchten, ihn ins Wasser zu ziehen, mittels vollständig weißer Kleidung entgegentrat, so daß jeder bei seinem Anblick mit dem inneren Kapitän Ahab zu kämpfen hatte. Der andere an Adipositas Leidende, den ich kenne, zieht sich immer schwarz an, so daß ich den seltsamen Eindruck hatte, es gebe vielleicht ein unsichtbares Schachspiel, dessen überdimensionierte Figuren hin und wieder an einem vorüberziehen. Falls die zwei Bauern waren, möchte ich die Türme nicht sehen. Falls es aber Könige sind, heißen sie in Italien: Adipo Re.
Obwohl ich weiß, daß Adipositas und übermäßiges Essen nicht kausal zusammenhängen, mußte ich doch in mein Beuschel hineinschmunzeln, als drüben am anderen Tisch alle dem den Kaiserschmarrn anpreisenden Wirt versicherten, Dessert könnten sie jetzt aber keines mehr essen, und dieser sich daraufhin schon zum Gehen wandte, als Leben in die massige weiße Gestalt kam und der Fette mit blitzenden Äuglein und schelmischem Lächeln versicherte, bei ihm hätte ein kleines Häppchen schon noch Platz. (Er sagte es auch genau so, »Häppchen«, ein Diminutiv, der hilft, Miss Piggys Goldene Regel

einzuhalten: »Iß nie etwas, das größer ist als dein Kopf!«)

Delikatessenläden gibt es kaum noch, die Reformhäuser scheinen an ihre Stelle zu treten, die führen nämlich neuerdings nicht nur Dinkel und Roggenschrot, sondern auch Himalaya-Safran und Trüffeln, Rucola und Pignoli, Balsamico und Mohnöl. Bei den Reformhauspreisen fallen diese Angebote gar nicht so sehr auf.

Schöne Gelegenheit, mal wieder den Degenerierten heraushängen zu lassen: Im Dorotheum eine tibetische Schädelschale gesehen; so ein Ding wollte ich schon einmal bei einer Versteigerung in Lindau kaufen, um Kaviar darin zu servieren.
Macht sich erstens optisch gut (die Schale hat die richtige Form und Größe), zweitens psychologisch, und drittens kann ich eines meiner zukünftigen Bücher mit dem reißerischen Titel *Kaviar aus Schädelschalen* ausstatten. Klingt besser als *Der Mann mit der Nudel.*
Vom Kauf zurückgeschreckt bin ich unter anderem, weil ich mir nicht recht vorstellen kann, daß das Ding (»Tibet, 20. Jahrhundert, mit Silberrand«) bei einem Preis von 4000 Schilling wirklich echt ist. Wahrscheinlich ist sie nicht von einem *monk*, sondern einem *monkey*. Oder made in Taiwan.

Der zwittrige »Wunderziegenbock« des Abu Musad im Westjordanland, dessen Milch als potenzsteigernd gilt und um 350 Schilling pro Glas verkauft wird, erinnert mich an den Vorschlag von Jared Diamond im April-Heft von *Discover*, Männer mittels Hormongaben das Stillen zu ermöglichen. Die männliche Brustdrüse ist nämlich bei entsprechendem Anstoß laktationsfähig. Jeder sein eigener Wunderziegenbock, eine Forderung der schönen neuen Welt, mit der niemand gerechnet hatte. Vielleicht ermöglicht die Gentechnologie auch noch die Aromatisierung der Milch, so daß Papa mit der linken Brustwarze Kakao und mit der rechten Bananenmilch liefern kann.

Die Nähe zur Schweiz ist schon günstig für mich, wegen der niedrigen Weinpreise (im Laden; im Restaurant sind sie wesentlich höher) und des besseren Lebensmittelangebots insgesamt: Handliche Oktopus-Portionen und »Schweinsschnörrli« gibt es dort ebenso im Supermarkt wie Pferdefleischspezialitäten und Stockfisch, fast alles Sachen, die sich in Vorarlberg überhaupt nicht auftreiben lassen (vom Pferdefleisch einmal abgesehen, aber das kriegt man bei uns sicher nicht im Supermarkt, früher durfte es nicht einmal im selben Raum mit anderem Fleisch angeboten werden).

In Österreich ist wirklich auch das noch lächerlich, was anderswo bedenklich wäre, zum Beispiel ein Angriff auf die Pressefreiheit: Da schreibt ein Journalist in einem Wochenblatt über das subventionierte Essen für Parlamentsbedienstete (beispiels

weise »Tirolerknödelsuppe und ein Viertel gefüllte Ente mit Mandelbällchen und Ananasrotkraut« um 70 Schilling) und kritisiert, daß sie dazu noch einen monatlichen Essenszuschuß in Höhe von 350 Schilling bekommen, damit sie sich die Lachshappen mit Cognacobers (38 Schilling) oder das kleine Wienerschnitzel mit Zitronenschaum (25 Schilling) auch wirklich leisten können, was vierzehn Tage später zur Anfrage eines ÖVP-Abgeordneten an den Nationalratspräsidenten führt, was dieser gegen den Verfasser zu unternehmen gedenke oder schon unternommen habe. Der Nationalratspräsident wendet sich im Einvernehmen mit dem Zweiten und Dritten Präsidenten per Rechtsanwalt an den Presserat, der auch prompt erkennt, daß die Volksvertretung durch den Artikel pauschal herabgesetzt worden sei.
Wenn ich ein Tonsetzer wäre, würde ich aus alldem ein Singspiel für einen adipösen Kastratenchor machen.

Am Feiertag (was ich nicht bedacht hatte) in Zürich. Erst sinnierte ich darüber nach, wie in den paar Städten, die ich regelmäßig besuche, die Restaurantbesuche meine Interessen und meine Finanzlage widerspiegeln: In Zürich fing alles vor Jahren an mit dem *Bluetige Tume* (= Blutiger Daumen) und dem *Rheinfeldner Bierhaus* im Niederdorf, dann ging ich bei jedem Besuch ins *Li Tai Pe*, damals das einzige halbwegs gute chinesische Restaurant in weitem Umkreis, es folgten die Essen im *Pfauen* (nachdem ich einmal von Daniel Keel dorthin eingeladen worden war), beim Rolfen eine Studentenbeiz in Staudachernähe, während meiner Zeit als Redakteur speiste ich bei dem Italiener in der Müllerstraße, dessen Namen ich vergessen habe, und zuletzt saß ich meistens auf der Terrasse im *Lobsterville* neben dem Kunsthaus. Seit die Schere zwischen den (beibehaltenen) Ausgaben und den (rapid sinkenden) Einnahmen sich geöffnet hat, sehe ich mich nach Neuem um.

Weil aber die erste Tram (in der Schweiz eigentlich: *das* erste Tram) gerade die nach Albisgütli war, dachte ich mir, ich werfe mal wieder einen Blick ins *Li Tai Pe*. Als ich hinkam, war aber von dem Lokal nicht mehr viel übrig hinter dem Baugerüst an der Fassade. Da mir chinesisch zumute war, fuhr ich zum Chinagarten »Drei Freunde« hinaus, weil ich glaubte, dort gebe es auch ein Restaurant, das erwies sich jedoch als Irrtum. Schade, der Garten wäre ein schönes Ambiente für einen Pavillon, in dem man wenigstens Dim Sum vom Wagen bekäme. In der Straßenbahn hing ein Plakat, das auf ein indisches Buffet im Bahnhof verwies, das angeblich alle Stückln spielte, aber auch 65 Franken kostete - ich hatte an diesem heißen Tag nicht den Eindruck, mittags für diesen Preis essen zu wollen, stieg am Bellevue aus und ging in die *Kronenhalle*, nachdem ich zuvor einen Besuch in der Pirosmani-Ausstellung nach kurzer Einsichtnahme in den Katalog verworfen hatte.

Die *Kronenhalle* ist wirklich eine kuriose Einrichtung. Der Schweizer Gault-Millau zitierte in einer Besprechung eine Denkschrift zu Ehren der Wirtin Hulda Zumsteg: »Wer nicht hineingehört, wird hier sofort wieder hinausgehen.« Ich gehörte offenbar hinein, denn ich nahm in der sogenannten »Halle« Platz, dem großen Speiseraum im Parterre, den ich auch ohne die vielzitierten Bilder von Braque, Chagall etc. sehr schön finden würde. Das bunte kleine Bild an der Wand rechts neben mir erwies sich als ein Tinguely. Der war mir schon lieber als Pirosmani. Trotzdem wandte ich meine Aufmerksamkeit der Karte zu, die sich als eher enttäuschend erwies: Die St. Galler Spezialbratwurst mit Rösti um 20 Franken machte mich ebensowenig an wie das Tagesgericht von der Voiture, eine Kalbsbrust mit passiertem Spinat und Bratkartoffeln. Der Mann mit dem Wagen enthüllte sie mit Grandezza, indem er die Alufolie hochnahm und mir ein Trumm Braten zeigte. Da mir kein besserer Small talk einfiel, fragte ich, ob sie gefüllt sei, worauf er bestürzt erwiderte: Nein, es sei *Kalbsbrust*. Ich verzichtete auf den Hinweis, daß es bei eben diesem Fleischstück in Österreich angebracht wäre, extra daraufhinzuweisen, wenn sie *nicht* gefüllt ist, und bestellte erst Oxtail Soup, dann ein Risotto mit Spargeln und Morcheln. Die Weinkarte war sehr umfangreich, ich las sie aber nur interessehalber durch, weil ich nicht nach einer 0,7-l-Flasche beschickert in den sonnendurchglühten Straßen des Kreises 5 herumtapern wollte. Die Preise begannen ungefähr bei 50 Franken für Schweizer Weine und stiegen bis zu

450 für Bordeaux auf. Zwei Stunden vorher hatte ich in der Auslage eines Niederdorf-Antiquariats einen Karikaturenband bei einem Cartoon aufgeschlagen gesehen, dessen Unterzeile lautete: »Seit's Schweizerweine gibt, will uns niemand mehr erobern.«

Ein älterer Ober, der seine Unterhaltung in fließendem Italienisch mit einem Kollegen kurz zum Service bei mir unterbrach, empfahl mir unaufgefordert die Reserve de la patronne, die ganz ausgezeichnet sei. Es war ein Bourgogne, der zwar nicht zu Spargeln und Morcheln paßte, aber sich als der teuerste von den offenen Weinen erwies, sicher auch ein Kriterium für eine Empfehlung an einen Gast, der nicht den Weinkenner heraushängen läßt. Ich vergnügte mich während des Wartens auf das Essen mit weiterer Lektüre, beispielsweise fand ich auf der Spirituosenkarte einen »Mineral- und Tafelwasserzuschlag« von 3,50 Franken, der zusätzlich zum Wodka zu berappen war, wenn man den nicht pur trinken wollte. An der Wand sind die Wappen der Zürcher Zünfte aufgereiht, beim »Weggen« heißt es: »Schlimme Zeiten / kann's bereiten / herrscht im Lande / Hungersnot // aber Frieden / ist beschieden / hat der Mensch / sein täglich Brot.«

Gottlob, die weiteren elf Gäste, die mittlerweile eingetroffen waren, hatten ihr täglich Brot, ein älterer Herr mit jungem Freund hinter mir verlieh sogar seinem großem Vergnügen an der Kalbsbrust Ausdruck, ich betrachtete ihn und die anderen Anwesenden und hatte immer mehr den Eindruck, einer Theateraufführung beizuwohnen. Aber von wem war das Stück? Von Dürrenmatt? Nein, da hätten uns schon die Kronleuchter auf die Schädel fallen müssen. Bernhard? Nein, zu schweizerisch, an der Kronenhalle gibt es kein Tüttelchen, das man versehentlich für österreichisch halten könnte. Elias Canetti (wie Dürrenmatt ein Stammgast)? Ich weiß es nicht - vielleicht war es eine Aufforderung an mich, eines zu schreiben.

Ich zahlte - 70 Franken, gar nicht so teuer - und trat in die Sonne hinaus.

Der eigentliche Grund meiner Zürichfahrt war ein Besuch bei Al Imfeld, einem Food-Journalisten, dessen Beiträge ich aus der WoZ kannte. Da auch er bei der Verabredung übersehen hatte, daß Feiertag sein würde, hatte er die Wohnung voller Gäste, so daß ich bald wieder ging. Vorher fragte ich ihn, ob die Schokoladeerzeuger düstere Geheimnisse hätten, daß sie so diskret seien. Er meinte, das seien alles Käuze, die immer glaubten, man interessiere sich für ihre sexuellen Eskapaden oder für ihre Sektenzugehörigkeit, wenn man sie auf ihre Schokolade anspreche.

Wenigstens hat mir die Chocosuisse - nach telefonischem Nachstoßen - nun ihre Broschüre und ihre Stellungnahmen zu Pflanzenfett in Schweizer Schokoladen geschickt. Ich bin also nicht mehr völlig blank.

Nordkorea hat die japanische Regierung um Reislieferungen ersucht, die Ernte sei »wegen des schlechten Wetters« zu gering ausgefallen. Diese niederen Ernten halten nun schon seit 1993 an.

Ein grausames Schicksal verschlug mich nach Seefeld, einen Ort, wo sich Tiroler Raffinesse mit deutschem Charme unermüdlich paart, und ich besuchte den *Tümmlerhof*, in dem allerdings keine Tümmler auf der Karte stehen, dafür aber eine Vielzahl von Diminutiven: Flußkrebserln und Kalbsfiaßl, Ochsensupperl und Zwiebelfischerl. Klingt »Wachtelpfandl« nicht eher schrecklich als verlockend? Und kennen Sie einen algerischen Piraten namens Crosser Haut? Nein? Es gab aber »Gebratenen Branzino mit Crosser Haut, Knoblauch und Rosmarin«, und den nahmen wir auch, außerdem ein »Duett von Waller und Zander« (unnötig zu sagen, daß zwischen den beiden toten Fischen eisiges Schweigen herrschte). Ich fragte, ob die »Dreierlei Innereien vom Kalb« Niere, Bries und Leber seien, es waren aber Zunge, Kutteln und Kalbskopf - interessant, was so Kälber alles »innen« haben, sogar den Kopf. Insgesamt war das Essen ja nicht übel (am besten schmeckte mir wieder einmal die amuse gueule, ein in Lachs gewickeltes Wachtelei), aber weit entfernt von den frenetischen Urteilen der Guides (2 Hauben, 3 Kronen).
Ich sehe das jetzt aber anders als früher: Von den Lokalen, die ich vor zwei Monaten für ein im Juli erscheinendes *Merian*-Heft »Bodensee« aufgelistet habe, würde ich jetzt schon zwei nicht mehr hin-

einnehmen, so blitzartig haben die abgewirtschaftet. Wenn sie sich bis Juli nicht erholen, muß auch jeder glauben, ich sei nie dortgewesen oder geschmiert worden.

Anlaß zur Nostalgie: Ich fuhr zur falschen Zeit (nämlich am späten Freitagnachmittag) von St. Gallen nach Hause, der Stau an der Höchster Grenze begann schon in der Kurve der Autobahnabfahrt, also nahm ich gleich wieder die nächste Auffahrt und wollte in Lustenau über die Grenze - der Stau in Au war mindestens so lang wie der vor Höchst. Da wich ich nach rechts auf den Berg aus, da oben ist ein Restaurant, das früher zu meinen Stammlokalen gehörte, und das ich schon lange nicht mehr besucht habe, die *Burg*, ein großes altes Bauernhaus, in dem die Rustikalität keine nachgemachte ist. Man hat von dort oben einen prächtigen Blick ins Rheintal (und kann zuschauen, wie sich der Stau auf der Rheinbrücke auflöst), und damals saßen wir da oft zusammen, tranken den Burgwein, der kühl und angenehm schmeckte (und keinen Transport vertrug, wie sich bei mehreren Versuchen zeigte), aßen Käse, Mostbröckle, Pantle und ein köstlich resches Brot, das nur nach längerem Betteln nochmals nachgereicht wurde, und blickten durch die hölzernen Schiebefenster in den Regen hinaus. Zum Käse wurde immer eine Senftube mitgeliefert, der wir aber nicht zusprachen, Eierspeise gehörte auch noch zum Repertoire, das Güggeli mußte man aber schon vorbestellen. Be-

dient hat immer die Wirtin selbst, angenehm wortkarg übrigens. Vertraute Laute drangen von den Nachbartischen herüber – die Lustenauer wußten die *Burg* schon lange zu schätzen.
Die verliefen sich dann mit dem Höhenflug des Frankens, und auch wir kamen seltener, allerdings aus anderen Gründen, wir fuhren nicht mehr mit dem Auto zu einem so nahegelegenen Ziel, und mit dem Rad meistens woandershin. Und jetzt war ich schon mindestens drei Jahre nicht mehr in der *Burg* gewesen.
Umso größer der Schock, in den unveränderten Räumen mit den alten Holzböden, Möbeln und unterteilten Fenstern ein spanisches Restaurant mit graphisch gestalteter Karte und Ober in Weste vorzufinden! Als Nachmittagskarte gab's zwar immer noch das alte Angebot, und auch der Wein schmeckte mir noch, aber ich hing ein paar wehmütigen Gedanken nach, und wäre wahrscheinlich vollends sentimental geworden, wenn es draußen geregnet hätte – aber es war gerade der bislang einzige Sonnentag dieses »Sommers«.

Kulinarische Geschehnisse auf einer Pilgerfahrt zum Tempio Voltiano in Como:
Lugano hat ein wunderhübsches Bahnhofrestaurant, eine zierlich-adrette Mischung aus Kiosk und Pavillon vis-à-vis dem eigentlichen Bahnhofsgebäude, mit prächtigem Seeblick, Bar und guter Küche. Die Angaben auf der Speisekarte ufern freilich aus, angeboten wurde beispielsweise:

»Rosette ai carciofi passati al burro fuso e salvia con mozzarella di bufala pomodori concasse e zucchine«
oder
»filetti di maiale al calvados in panna liquida glassa die carne calvados cumino e taglierini passati al burro«.
Mein Dialog mit dem Kellner fiel kurz aus:
»Was ist *puledro*?«
»Färd.«
»?«
»Glaine Färd.«
»Ah! Lo prendo.«
In Como schleppten uns italienische Bekannte in ein Restaurant namens *Pulcinella*, der orginalen Pizza wegen, die dort viereckig auf großen Brettern auf den Tisch kommt und belegt ist, wie es sich für eine »richtige« Pizza - also eine Armenspeise - gehört (nämlich kaum); der Preis war allerdings weniger auf die Mittellosen abgestimmt.
Das zweite Ziel dieser Fahrt war das in Reiseführern als »Schokoladenmuseum« bezeichnete *Schokoland* in Caslano, das sich als nicht allzu große Ausstellung und Verkaufsraum der zum Stollwerck-Konzern gehörenden Firma Alprose SA erwies. Werbespruch: Cioccolatiamo?

Im *Spiegel* ein Foto des chinesischen Supertrainers Ma Junren, der die Langstreckenläuferinnen der Volksrepublik 1993 in Stuttgart Medaillen einsammeln lassen hatte. Zu seinen ganz besonderen

Methoden gehörten Kräutermixturen und Schildkrötenblut. Das Bild zeigt, wie er es gewinnt: Ma hat den Kopf der von einer zweiten Person fixierten Schildkröte mittels Kombizange an der Schnauze lang herausgezogen und soeben den Hals mit einem chinesischen Hackbeil durchtrennt. Die Schalen zum Auffangen des Blutes stehen bereit.

Manche Zeitungsmeldungen schreien nach einem Kleist, der sie zur Novelle umformt: Ein Flugzeugentführer, der eine Maschine der Lauda-Air auf dem Weg von Thailand nach Wien zur Notlandung in Istanbul zwang, begründete sein Verhalten jetzt vor dem Wiener Landesgericht damit, er habe nach drei Wochen Thailand-Urlaub keinen Fisch mehr sehen könne, aber im Flugzeug prompt einen Tiefkühl-Fisch serviert bekommen. Daraufhin drehte er durch, allerdings neben dem Fisch-Frust auch noch durch Gin und Lebermedikamente angeschoben. Er demolierte die Toilette, schlug einen Passagier nieder, verpaßte dem Kopiloten einen Kinnhaken und behauptete, eine Bombe bei sich zu haben.

Nicht nach Kleist, sondern nach besseren Juristen schreit die Entscheidung des Europäischen Gerichtshofs, daß eine umfassende Aufzählung sämtlicher bei der Herstellung eines Lebensmittels verwendeten Zutaten nicht notwendig sei. Konkret ging es um ein deutsches Kartoffelpüree mit nicht deklariertem Konservierungsmittel. Der Europäische Gerichtshof erkannte in diesem Fall: »Der streitige Zusatzstoff übt im Enderzeugnis keine technologische Wirkung mehr aus.« Aber schon bisher mußten die Bestandteile einer Zutat nur aufgelistet werden, wenn sie mehr als 25 Prozent des Endprodukts ausmachte. Der Konsument mag noch so mündig sein oder werden, er wird doch beschissen, daß die Justiz der Industrie dabei hilft, wird alte Brecht-Leser auch nicht wundern.

Eine kulinarisch eher enttäuschende Wienreise, mal abgesehen von zwei Mahlzeiten im zuverlässigen *Levante* (dem in der Wollzeile):
Das *Lusthaus* im Prater müßte einiges tun, um seinen Namen zu rechtfertigen, im *Tenmaya* nahm ich wieder Seeigel-Sushi, aber diesmal sah der Seeigelrogen nicht nur aus wie gequirlte Scheiße, sondern schmeckte auch so - ich wartete den ganzen Nachmittag auf das Einsetzen einer Fischvergiftung, sie blieb aber doch aus. *Mraz & Sohn* hielten zwar nach wie vor ihr Qualitätsniveau aufrecht, sind aber mit den Preisen mittlerweile in schwindelnden Höhen angelangt: Es war gerade italienische Woche, und das Antipasto misto - aus den üblichen marinierten Gemüsen und Pilzen sowie vitello tonnato, Scampi etc. bestehend - hätte 195 Schilling gekostet; mein Hauptgericht, Kutteln auf venezianische Art (die übrigens als »Tripper« auf der Karte standen), kostete 150 Schilling, was für Kutteln, so gut sie auch schmecken, in jedem Fall zuviel ist; als

Vorspeise wählte ich wider besseres Wissen ein Risotto mit Sommertrüffel; die wurde nun mit dem Hobel darübergerieben, wie die echte Trüffel, aber sie schmeckte wie immer - nach gar nichts; dafür können die Mrazens freilich nichts. Die Sommertrüffel ist eines jener Surrogate, die dem Original nur optisch gleichen - wie der deutsche Kaviar und der Lachsersatz (bei denen die äußerliche Ähnlichkeit wesentlich geringer ist als bei der Sommertrüffel). Geschmeckt hat mir sonst alles, nur die Rechnung hatte einen unangenehmen Abgang (im Geldbeutel).

Vom Wein beim Massenheurigen *Nierscher* in Klosterneuburg kann ich nicht einmal das sagen, für einen Abgang hatte er zu wenig wahrnehmbaren Geschmack. Ich hielt mich mehr ans Heurigenbuffet und die angenehme Atmosphäre im Garten. Wir waren hingegangen, weil es Leute gab, die den *Nierscher* als ruhigen kleinen Heurigen in Erinnerung hatten.

Das *Hedrich* war gehandicapt duch eine Baustelle anstelle des Schanigartens, aber das Essen lenkte ohnehin die Aufmerksamkeit auf sich, die ich sonst auf dem Ring hätte schweifen lassen: offenbar wird da im Modulsystem gearbeitet, die Beilagen scheinen zu so ziemlich allen Items der Speisekarte dieselben zu sein: wir waren zu dritt und aßen Milchlammkeule, Faschiertes und Krautfleckerln, und alle drei bekamen wir dazu Schwammerlreis, Zucchini, Karotten und Kohlrabi, allerdings in wechselnden Anteilen. Was diese Beilagen überhaupt bei den

Krautfleckerln (die mir, Haubenkoch hin oder her, nun gar nicht schmeckten) zu suchen haben, ist mir sowieso ein Rätsel.
Die größte Pleite war aber das Restaurant in der Kunsthalle Krems, Stichwort: Peter Kubelka. Im Katalog der Kunsthalle hatte ich schon zuvor gelesen: »In der Gesamtkonzeption der KUNST.HALLE.KREMS nimmt die Restauration insoferne einen wichtigen Platz ein, als sie als künstlerisches Projekt konzipiert und realisiert wurde.« (Nachträglich betrachtet, hätte mir dies Warnung genug sein müssen.) »Peter Kubelka, bekannt als einer der wichtigsten Avantgarde-Filmemacher Österreichs und Professor für Kochen an der Städelschule in Frankfurt, hat die künstlerische Leitung der Restauration über, die österreichische Kochkunst nach seinen Plänen anbieten wird.«
Unter dieser Drohung findet man eine Graphik des »Avantgardisten«, die zwei ineinandergeschachtelte Rechtecke (ein Bild samt Rahmen) und zwei konzentrische Kreise (ein gefüllter Suppenteller) zeigt. Ein Pfeil weist auf den Rahmen: »Grenze des Bildes«, ein zweiter Teil auf den Rand des Suppentellers: »Grenze der Suppe«.
Bevor man das Gefühl hat, an der Grenze seiner Toleranz an der Nase spazierengeführt zu werden, wird Kubelka wieder ernst: »Bemerkungen zur geplanten Restauration: Einfache österreichische Küche, handwerklich zubereitet, mit Produkten von nächstmöglichen traditionell arbeitenden Bauern und Handwerkern.«

Damit arbeitet zwar die Werbung im Bregenzerwald schon seit Jahren, aber einwenden kann man gegen dieses Programm ja nichts. So würde man es sich überall wünschen, und zugegebenermaßen ist es nahezu nirgends so.

Interessanter als die dann folgende Aufzählung, »was es unter anderem täglich geben soll«, ist jene, die den Titel trägt: »Was es unter anderem nicht geben wird«:

»Hintergrundmusik, Speisengarnierung, Kerzen, mageres Krenfleisch, Margarine, Himbeeressig, Basmatireis, Aceto Balsamico, Mousse, Blumen, rote Tischtücher, Speisekartenpoesie vom Texter.«

Na schön, da wär' ich schon mit von der Partie (obwohl ich kein ernsthaftes Argument gegen Blumen auf dem Tisch kenne). Auch liegen die Preise fast alle unter 100 Schilling, Geselchtes mit Puré (Schreibweise der Karte) und das gekochte Rindfleisch mit Fisolen kosteten je 95 S, das Fisolengemüse und der Schweinsbraten kalt je 65; nur die Forelle »Müllerin« kam auf 150.

Wir waren eine ganze Gruppe, und daß die letzten ihr Essen erst bekamen, als die ersten fertig waren, mag entschuldbar sein. Kubelka hatte allerdings Pech, er kam nämlich gerade höchstselbst am Tisch vorbei, und wir hatten einen in unserer kleinen Gesellschaft, der die Gelegenheit sofort ergriff, den Arm hochriß und »Herr Professor!« rief. Kubelka, seine Popularität genießend, kam herbeigeeilt, und lief ins offene Messer der Reklamationen: der Salat war ungenießbar sauer, dafür hatte man vergessen,

Öl daranzugeben, ich sammelte am Tellerrand verbrannte Flinserln (eigentlich waren es schon eher ganze Plaques) aus meinem Gulasch, etc. (Der Objektivität halber sei erwähnt, daß das Rindfleisch mit Fisolen tadellos war, ebenso die Forelle à la meunière - bei der es freilich nicht viel zu verderben gibt). Kubelka servierte den Salat sofort ab, zum Gulasch meinte er, das könne vorkommen. Finde ich durchaus auch, allerdings ist es dann eben besser, wenn man vorher kein großes Gedöns veranstaltet hat.

Die Kremser Ausstellung *Wasser & Wein* klang ja auch kulinarisch interessant, es erwies sich aber, daß sie ebenso gut *Kraut und Rüben* hätte heißen können, denn hier war nun wirklich alles zusammengetragen, was auch nur im entferntesten mit dem angeblichen Thema zu tun hatte, zum Wasser gab es Strandszenen, auf denen das Meer nicht einmal zu sehen ist, zum Wein Bilder, auf denen irgendwo eine kleine Weintraube vorkommt: alles sehr erschöpfend.

Eine andere Begegnung mit dem Thema hatte ich bei Wolfgang, wir verkosteten zehn Jahre alte österreichische Rieslinge, der Zwerithaler von Jamek war noch völlig okay, der Freal von Josef Langmayer hatte abgebaut, der Dürnsteiner Kellerberg von Franz Pichler war bloß noch sauer, der Ried Klöchberg von Herfried Dirnbeck (Mureck) schmeckte nach Petroleum; zuletzt spülten wir alles mit einem Loibner Steinertal 1992 von F. X. Pichler hinunter.

Nachts am Würstelstand aß ich wieder Waldviertler,

eine geräucherte Wurst, die von manchen Standlern geschält wird, von den meisten aber nicht; das Burenheidl macht mich nicht an, aber es gibt Leute, für die es zum Wienbesuch gehört wie das Amen zum Gebet.
Nach sechs Tagen fuhr ich wieder heim, und da ich jeden Morgen im Lugner-Hotel Würstchen, Schinken und Speck mit Ei gegessen hatte, wich ich im Speisewagen von meinem üblichen Schema ab (da habe ich die letzten zwanzig Mal abends immer Schinken mit Ei genommen) und wählte die Spaghetti bolognese: Das war auf dieser Reise der letzte kulinarische Mißgriff.
Sie war übrigens von vornherein unter einem Unstern gestanden: Der Martel in St. Gallen macht ein einziges Mal im Jahr eine Verkostung aller von ihm angebotenen Romanée-Conti-Weine, und das natürlich genau am von mir lang zuvor gebuchten Abflugtag!

Kaufte den *Feinschmecker* und den *New Scientist*, die beide zu meiner regelmäßigen Lektüre gehören, d.h. ich lese im Bahnhofskiosk die Inhaltsverzeichnisse durch, und schlage dann in 80 Prozent der Fälle zu. In Hinblick auf das vorliegende Buch (im Moment müßte ich natürlich korrekterweise noch schreiben: Manuskript) ist ein Vergleich der einschlägigen Inhalte angebracht:
Den *Feinschmecker* kaufte ich mir eigentlich aus

Masochismus, weil abzusehen war, daß die vom Thema her interessant klingenden Artikel informationsmäßig wenig hergeben würden: Siebeck über Bambusdämpfkörbchen, Siebeck über Tee; ich erfuhr aus ihnen, daß Siebeck mit den Körbchen ungefähr dasselbe macht wie ich seit gut einem Jahr mit meinen, die ich übrigens im Migros gekauft habe (das Blatt gibt als Lieferadresse eine vietnamesische Firma in Hamburg an), und daß er sich auch schon einmal die Pfoten daran verbrannt hatte, weil er wie jedermann glaubte, das Holz des obersten Körbchens könne nicht so heiß werden, wie es tatsächlich wird; über Tee schreibt er, daß in Hotels und Cafés Beuteltee in falschen Tassen ausgeschenkt wird, daß er aber in englischen Hotels auch schon guten Tee bekommen habe. Außerdem enthält das Heft Artikel mit Themen wie Ibiza-Tips (wann komm' ich da hin?), ein Mineralwasser-Special (ich muß eh immer das nehmen, was das Café vorrätig hat), Melonenrezepte (relativ interessant), der Weinmacher Alois Lageder (kenne ich aus seiner Präsentation im *Galletto*), etc. Diese Informationen kosteten mich 78 Schilling.
Im »New Scientist«, der 51 Schilling kostet, las ich (in Nr. 1982, 17 June 1995) folgende den kulinarischen Sektor betreffenden Neuigkeiten (keine davon aus einem der fünf Hauptartikel des Heftes):
Eine englische Untersuchung, die zeigt, welche Verheerungen polyzyklische aromatische Kohlenwasserstoffe aus Verbrennungsmotoren im marinen Leben der Nordsee anrichten, ist von der Regierung zwei

Jahre zurückgehalten worden, damit ihre Ergebnisse nicht in die letzte Woche in Dänemark abgehaltene Nordseekonferenz einfließen konnten.
In der Bretagne ist in Menez-Dregan bei Plouhinac eine 380.000 bis 465.000 Jahre alte Feuerstelle gefunden worden, auf der möglicherweise ein Nashorn gegrillt wurde. (Schade, daß Barney Geröllheimer dabei nicht seine granitene Identitätskarte verloren hat, dann wüßten wir's genauer).
Der Amazonas-Indianerstamm der Surui ist völlig verpilzt, seit dort Kaffee angebaut wird. Der hefeartige Pilz Paracoccidioides brasiliensis lebt an sich im Boden, gerät aber bei der Kultivierung des Dschungels auf die Haut und in die Lunge und führt über Löcher in der Lunge und ausgebreitete Infektionen zu tödlicher Meningitis. Mehr als vierzig Prozent der Surui leiden mittlerweile unter dem Pilz, dazu kommt ihre Unterernährung, weil sie Probleme haben, ihren Kaffee zu verkaufen. Deswegen kriegen sie jetzt auch vermehrt Malaria.
In Australien und Neuseeland werden in den großen chinesischen Gemeinden in Melbourne, Sidney, Brisbane, Auckland und Wellington »Medizinen« von streng geschützten Tieren wie Leoparden, Bären, Tigern und Rhinozerossen ganz offen verkauft. Auch illegale Produkte von Saiga-Antilope und Moschushirsch kriegt man in der Hälfte der von TRAFFIC (einer Organisation des World Wide Fund for Nature) überprüften Shops problemlos zu kaufen.
Rapsöl 1: Im Südosten der USA ernten Farmer in

dieser Woche zum ersten Mal eine gentechnisch veränderte Rapspflanze, deren Öl große Ähnlichkeit mit Kokosnuß- und Palmöl haben soll und der USA solche Importe (600.000 Tonnen im Jahr) ersparen soll. Wenn das klappt, können sich einige tausend Kleinfarmer auf den Philippinen und in Indonesien die Kugel geben.
Eine Untersuchung in Belgien hat gezeigt, daß eine ganze Reihe der über 400 belgischen Biere in falsch geformten Gläsern ausgeschenkt wird. Dabei geht es darum, ob es bestimmte flüchtige Geschmacksmoleküle durch die Barriere des Bierschaums schaffen oder nicht. Gläser, deren Form zuviel Bierschaum hervorrufen, nehmen dem Bier den Geschmack. (Von allen hier aufgezählten Nachrichten schaffte es übrigens nur diese in die Tageszeitungen.)
Rapsöl 2: Nichtraffiniertes Rapsöl ruft bei chinesischen Frauen gehäuft Lungenkrebs hervor, wenn es im Wok auf die üblichen 280 Grad erhitzt wird. Auch das im Westen verwendete raffinierte Rapsöl ist bei hohen Temperaturen ähnlich karzinogen wie das chinesische.
Indien, der viertgrößte Shrimps-Exporteur der Welt (Hauptsorten: Tiger shrimp und White shrimp), wird von einer Virusepidemie bei den Garnelen heimgesucht. Man führt die Krankheit auf die unkontrollierte Ausbreitung von Shrimpsfarmen und importierte Tiere zurück.

Apropos Siebecks Tee-Gejammer: Während schlechter Tee einfach nur schlecht ist, scheint richtig mieser Kaffee eine Art Macho-Appeal zu haben. Zumindest in Filmen und in der Trivialliteratur trinken vor allem Cops und Cowboys ganz besonders miserablen Kaffee zwar unter verbalen Protest, aber mit kaum verborgenem inneren Behagen, was für Scheußlichkeiten doch ein rechter Mann seinem Magen und seinen Geschmacksnerven zumuten kann. Da beispielsweise A. W. Logue den Kaffee zu jenen Lebensmitteln zählt, gegen deren Bitterkeit eine angeborene Aversion besteht (die man zunächst mittels Milch und Zucker überwindet, bevor man dem eigentlichen harten Stoff pur verfällt), könnten es auch die Erinnerung und das Vergnügen am Überschreiten dieser Ekelschranke sein, die sich da bemerkbar machen.

»Ich bin Beethoven. Mein Küchenchef ist Karajan.«

Paul Bocuse.

Ich wußte gar nicht, daß Bocuse taub ist. Und als Küchenchef hätte ich lieber einen Koch als einen Dirigenten.

Im *Schiff* in Hittisau (Bregenzerwald) aß ich einen Gemüsestrudel, der einer Erwähnung wert ist. Zwar war auch die Entenbrust tadellos, aber die ist leichter hinzukriegen als ein Gemüsestrudel, der nicht bloß *gesund*, sondern tatsächlich delikat schmeckt.

»Stellen Sie sich vor, Sie fliegen ins ferne Australien. Im Flugzeug empfängt Sie statt einer smarten Stewardeß ein sadistischer Stallknecht, der Sie mit-

tels Elektrotreiber zu Ihrem Platz geleitet. Auf dem sitzen leider schon drei andere, wodurch es ziemlich eng wird.«
So beginnt heute auf Seite 1 der Salzburger Nachrichten ein recht gewitzter Kommentar von Alexander Purger, bei dem schon bei den Wörtern »Stallknecht« und »Elektrotreiber« klar wird, worauf die Satire abzielt: auf den Beschluß der EU-Agrarminister nämlich, daß Tiertransporte 28 Stunden dauern dürfen. Purger fährt fort:
»Essen und Trinken gibt es während der gut zwanzig Stunden Flugzeit nicht. Ihre Sitznachbarn treten Sie mit Füßen, einer wirft die Nerven weg und beißt Ihnen ein Ohr ab.«
Oder den Schwanz, aber das konnte der Journalist nicht gut auf Seite 1 einer renommierten Zeitung schreiben. Die Ohren dürften aber ohnehin schon während der Zeit in der Massentierhaltung gelitten haben.
»Aus vielen Wunden blutend kommen Sie in Australien an, wo aus Kostengründen auf die Gangway verzichtet wird. Sie springen - Stallknecht und Elektrotreiber im Nacken - «
Wenn es nur dort wäre!
» - auf die Rollbahn und brechen sich beide Beine. Während Sie zur Notschlachtung gezerrt werden, denken Sie empört, daß man Sie ja wie ein Tier behandelt.«
Wie ein Schwein, um präzise zu sein. Und all das ist zwar witzig und gut gemeint, aber eigentlich verharmlosend. Die Realität ist wesentlich schlimmer.

Eine der interessanteren Sprossen auf der Leiter zur Berühmtheit ist sicher das Erwähntwerden in einem belletristischen Werk. Ein Österreicher in Hollywood hat es in Ross Thomas' neuem Kriminalroman *Die im Dunkeln* geschafft:
Als eine der weiblichen Hauptpersonen die Aufschrift auf einer Pizzapackung liest, sagt ihr Begleiter: »Es geht mich zwar nichts an, aber wenn Sie schon so ein Zeug essen, sollten Sie wenigstens das beste nehmen. Hier.«
Und nun kommt das product placement:
»Er reichte ihr eine Pizza, die mit dem Namen von Wolfgang Puck versehen war, einem Westküsten-Gastronomen, der sehr geschickt nicht nur seine Tiefkühlpizzas, sondern auch sich selbst vermarktete.«
Die Frau legt die andere Pizza zurück und frägt nach: »Was ist daran so toll?«
Und der Begleiter antwortet wie in einem TV-Spot: »Die schmeckt fast wie echte Pizza.«
Korrektur: Im TV-Spot hieße es wahrscheinlich: » ... besser als echte Pizza.«
Spielt es da noch eine Rolle, daß dieser Pizza-Ratgeber der fieseste von allen im Buch vorkommenden Mördern ist?

Eine der Vorlieben, die ich mit den Orang-Utans gemeinsam habe, ist die für Durian-Früchte. Die rotfelligen Menschenaffen sollen die ihnen bekannten Bäume auch dann aufsuchen, wenn es keine reifen Früchte gibt, und deren Entwicklungszustand einschätzen, was den Schluß zuläßt, daß sie ihre Nahrungsversorgung bis zu einem gewissen Grad planen können. Ich glaube das sofort, nachdem ich neulich gelesen habe, ein Zoo-Orang-Utan habe nachts regelmäßig seinen Käfig verlassen und den dazu verwendeten, geklauten Schlüssel tagsüber in der Hand verborgen gehalten. Vielleicht ist es doch wahr, daß die Menschenaffen nur deshalb nicht sprechen, weil sie wissen, daß sie dann zum Arbeiten gezwungen würden.

Partha S. Dasgupta, Inhaber der Frank-Ramsey-Lehrstuhls für Wirtschaftswissenschaften in Cambridge und Vorsitzender des Internationalen Beijer-Instituts für ökologische Ökonomie an der Königlichen Schwedischen Akademie der Wissenschaft in Stockholm, sagt im *Spektrum der Wissenschaft* 7/95, S. 58: »Ich kenne keinen Ökologen, der meint, im Jahre 2050 könnten 11 Milliarden Menschen den Lebensstandard eines typischen Bewohners heutiger Industrienationen genießen.«
Das ist sehr vornehm und diskret. Mich würde mehr interessieren, welchen Lebensstandard die 11 Milliarden tatsächlich haben werden, den von Bangla-Desh oder den des Sudan?

Ich lese beide, das *Spektrum* und den *Scientific American*, weil es interessant zu beobachten ist, worin sie voneinander abweichen. Die amerikanische Ausgabe ist bei den Hauptthemen immer eine Nummer voraus, und so sehe ich, daß die Deutschen offensichtlich den Artikel über »Hookworm Infection« durch einen über Ebola ersetzen werden. Allerdings schätzt man, daß eine Milliarde Menschen, also ein Fünftel der Weltbevölkerung, Hakenwürmer im Dünndarm beherbergt, während Ebola zwar spektakulär, aber doch auch lokal sehr begrenzt ist. Die Hakenwürmer zapfen pro Tag einen Teelöffel Blut aus der Darmwand ab - wenn man 1000 im Darm hat, merkt man das schon - es tritt Eisen- und Proteinmangel ein. Für ohnehin unterernährte Kinder kann das tödlich ausgehen. So richtig auffällig wurden die Würmchen mit den spitzen Zähnen übrigens erstmals 1880 bei den Italienern, die den Schweizer St. Gotthard-Eisenbahntunnel bauten und bei denen die »Bergmannsanämie« epidemisch auftrat.

In »50 and 100 Years ago« findet man eine merkwürdig zynische Notiz vom Juni 1945, ich übersetze:

»Wenn man auf dem Verzehr von Arsenik besteht, aber nicht tödlich davon vergiftet werden möchte, kann man sich vielleicht durch die gleichzeitige Einnahme hochgiftiger Fluorverbindungen retten. Ein Bericht über kürzlich durchgeführte Experimente mit Ratten zeigt, daß das Trinken von mit Kaliumfluorid versetztem Wasser vor und nach der Einnahme von mit Zucker vermischtem Arsentrioxid den Tod der Tiere verhinderte. Wenn auch diese Erkenntnis interessant ist und ein Licht auf die Arsenikeinnahme beim Menschen wirft, kann man doch die Methode schlecht als Erste Hilfe empfehlen, weil eine Überdosis Fluor, bekannt als Ameisengift, einen genauso tötet wie das Arsenik.«

Mit seinem Buch über die Wiener Beisln hat sich Siebeck wohl keinen Gefallen getan. Daß man das Buch eines Deutschen über die österreichische Küche auch dann, wenn er sich auf die Tradition der Aufklärung beruft (!), in Österreich irgendwo zwischen den *Reden des Papalagi* und *Ein Yankee an König Arthus' Hof* ins Regal stellen wird, hat er sich ja denken können, aber offenbar war ihm nicht ganz klar, daß er in Wien auf ein ebenso kundiges wie hinterhältiges Publikum stößt. Schon in der ersten Kritik, die mir vor Augen kommt (von Klaus Kamolz im *profil* 26/95), lese ich: »*Die Beisln von Wien* triefen nicht nur von Fett und Schmalz, sondern auch vom Unverständnis des Autors über diese Art, Dinge zuzubereiten.« Auch seine unweigerliche Bezugnahme auf die französische Küche wird kritisiert, wenn er den Bauernschmaus für den Versuch einer Imitation des elsässischen Choucroute hält, »was angesichts bäuerlicher Traditionen in Österreich leicht an den Haaren herbeigezogen wirkt« (Kamolz).
(Verflucht, kaum hatte ich das Wort niedergeschrieben, kriegte ich Lust auf einen Bauernschmaus!)
Aß dann aber Speck mit Hafaloab und Bauernlinsen - Bauernschmaus stand nicht auf der Karte, und Hafaloab ist bei 30 Grad ein mindestens gleich gutes Kreislauftraining, vor allem, wenn man Bier dazu trinkt.

Zürich, der Schokolade wegen. Fuhr mit dem Auto hin, stellte es im Parkhaus ab (das kostet in der Zürcher Innenstadt soviel, daß ich in Zukunft doch wieder die teure Zugsfahrt in Betracht ziehe), und ging zum Frühstück in die *Confiserie Sprüngli* in der Bahnhofstraße. Im Untergeschoß ist rechts der Verkaufsraum mit den leckeren Sachen, links die Kunden- und Hauslieferdienstabteilung mit drei Frauen an Computern und der plakatierten Versicherung, man könne von hier aus alle Leckereien ohne Problem überall hin versenden. Wenn man die Treppe hinaufsteigt, wird einem im Obergeschoß der gerade Weg durch ein Möbel verstellt, das jederzeit in einem Kafka-Film als Richtertisch verwendet werden kann, das hier aber das Refugium der Kassierin ist. Dieser profane Schranken vor dem Eintritt ins Paradies der Süßigkeiten kommt mir recht symbolisch für die überaus geradlinige Ostschweizer Art vor.
(Da man nicht bei den Bedienungen zahlt, sondern mit der Rechnung an der Kasse, gibt es naheliegende Gründe, die Kasse so zu plazieren; aber es ist doch sehr direkt.)
Das Angebot im Speisesaal ist nur beim Süßen wirklich gut, für mich, der ich Tramezzini oder eine Vielfalt von Sandwiches dem Gezuckerten vorziehe, gibt es dasselbe wie in Zürcher Theatern, Museumscafés, Bahnhöfen etc.: die unvermeidlichen Wurstweggli und Salamibürli. Die Lunches sind auch das in der Schweiz Übliche: Eglifilet, Kalbssteak, Ravioli, Brokkoli, Crêpes und Pouletpastetli als warme

Speisen, kalt empfiehlt sich das Paradeplättli mit Fleisch oder vegetarisch (es verdankt seinen Namen der Sprüngli-Adresse: Paradeplatz). Die Weine sind Fendant und Dôle, es gibt aber auch Jahrgangspommery, die Flute zu 13 Franken.

Das »Konditor-Z'morge à discretion« kostet 18 Franken für Erwachsene und 8 für Kinder. Es würde mich wundern, wenn der Ostschweizer es beim Essen à discretion anders hielte als der Durchschnittsvorarlberger, der bei solcher Gelegenheit nicht aufhört, bevor ihm schlecht ist, wobei die körperliche Übelkeit durch das schöne Gefühl, den Wirt überlistet zu haben, ausgeglichen wird.

Ich nahm zwei kleine Süßigkeiten und einen Espresso, der nicht heiß genug war, und setzte mich zwischen die Japaner und Amerikaner, die alle auch in einer der berühmtesten Confiserien Europas frühstückten.

Mein zweites Schoko-Ziel war die Fabrik Lindt & Sprüngli (mit der Confiserie verwandt, aber nicht befreundet) in Kilchberg. Da ich so vorbereitet war wie mein ganzes Leben lang als Schüler und Lehrer, Journalist und Schriftsteller, nämlich kaum bis gar nicht, stieg ich am Bürkliplatz in den Bus 161 nach Kilchberg. Immerhin sah ich mir das Schema an: in Kilchberg gibt es vier Haltestellen, die letzte davon heißt »Kirche Kilchberg«. Als wir an der vorbeigefahren waren (die Kirche ist von Häusern und Bäumen verdeckt), stand ich auf und drückte den Knopf zum Aussteigen, um wenigstens an der nächsten Haltestelle aus dem Bus zu kommen. In der letzten Kurve warf ich einen Blick hinunter zum fernen Zürichsee und es kam mir vor, als könnte ich auf einem großen Gebäudekomplex das Wort CHOCOLAT lesen. Das war kein Irrtum; dort unten ist immer noch Kilchberg, der Gebäudekomplex gehört Lindt & Sprüngli, und ich hätte den Bus 165 nehmen sollen, auf dessen Schild freilich nicht »Kilchberg« steht.

Auf die Art kam ich zu einem schönen Verdauungsspaziergang. Das Chocoladeforum (so heißt die interne Ausstellung in der Firma) hat freilich jeden Wochentag offen, außer am Freitag. Natürlich hätte ein Telefonat am Vortag alles geklärt, aber dann könnte ich ja nicht mehr von mir sagen, ich sei mein Leben lang unvorbereitet gewesen. Immerhin bekam ich einen Geschäftsbericht, die Telefonnummer der PR-Managerin und einen Faltprospekt des Chocoladeforums, der zeigte, daß es größer, aber nicht prinzipiell anders aussieht als das Schokoland in Caslano.

Das Mittagessen nahm ich in der Straßenbahn ein, im *Chuchichäschtli* nämlich. Die »Ess-Galerie auf Rädern« fährt im Kreis wie Niki Lauda, zwischen Bellevue und Central hin und her, man steigt irgendwo zu und irgendwo anders wieder aus. Es rüttelte ein bißchen, einmal fiel eine Gabel vom Tisch, ein andermal rutschte das leere Glas auf mich zu, aber es war insgesamt immer noch ruhiger als im Intercity der ÖBB. Und der Kirsch wird hier aus einer gekühlten Flasche am Tisch serviert (bei unserer Bahn undenkbar).

Geboten wurden zwei sinnliche Vergnügen: »Le Boucher Corpaato« hat damit einen weiteren Schritt zu seinem Fernziel getan: »Ich möchte der bekannteste Fleisch-Maler der Welt sein.« Ein kleiner Schritt für die Menschheit, aber ein großer für Jean-Pierre Corpataux, den malenden Metzger. 1950 in Fribourg geboren, letzter Kavallerist der Schweiz (hat er das Pferd geschlachtet?), Gastgeber und Koch im »Cercle de l'Union«, Fleischmaler seit 1984 (»weil ich statt Fleisch lieber Leinwände veredeln will«). Die Bilder auf der Tram haben auch entsprechende Titel: »Schnabulieren - Reservieren«, »De Gmüesler«, »Fondue Fribourgeoise« oder »Mistchrazerli«, und kosten zwischen drei- und sechstausend Franken. Aber man kriegt auch schon eine signierte Menukarte um 100 Franken.

Ich las die unsignierte durch und fand einmal mehr Schweizer Standards: das Ämmitaler Vorässe (= Emmentaler Voressen) ist ein Kalbsragout an Safransauce mit Rüebli, Zwiebeln und Nüdeli; die Nidwaldner Älpler-Magronen bestehen aus Makkaroni, Kartoffeln, Alpkäse und Zwiebeln mit Rahm; auf dem Chästeller liegen Greyerzer, Appenzeller und Emmentaler; und das Buure-Hamme ist gekochter Schinken mit Salat (»aus Biokartoffeln von Käppeli aus Merenschwand«, ach, diese Poesie der Speisekarten, was hat nur der Kubelka dagegen?).

Ich nahm eine Tessiner Gmüesterrine mit rotem Pesto als Vorspeise, dann das Bündner Trockenfleisch, weil mich die Aufzählung unter dem fettgedruckten Obertitel faszinierte: »Bündnerfleisch, Hobelfleisch, Hirschbinde und Hirschsalsiz von Peduzzi aus Savognin GR, Kartoffelwurst und Andutgel von Lozza in Disentis, Bresaola von Zanetti in Poschiavo«). Das alles um nur 28 Franken!

Beides schmeckte köstlich, leider stand noch eine pièce de resistance auf der Karte, um die ich nicht herumkonnte: der »Silvio Rizzi Wurstsalat«. Was mochte wohl dran sein an einem Wurstsalat, dem der Schweizer Gault-Millau-Herausgeber seinen Namen gab? Trotz der 19,50 Franken (für einen Wurstsalat!) bestellte ich ihn. Es kam - ein Wurstsalat. Zwar aus den »feinen St. Galler Wurstwaren von den Metzgereien Gemperli und Schmid«, aber im Blindversuch vom Wurstsalat in *Kohler's Eck* in Dornbirn (beim Hatler Friedhof) nicht zu unterscheiden (abgesehen davon, daß die Zwiebelringe zu groß geschnitten waren). Das ist schlau von Silvio Rizzi, daß er sich etwas ausgesucht hat, das nicht schiefgehen kann, ich wäre an seiner Stelle einfältig genug gewesen, auf etwas Kompliziertes zu setzen.

Da ich noch ein wenig Bier und Maienfelder Beerli trank, sah die Rechnung für das Essen im *Chuchichäschtli* genau so aus wie eine im *Deuring Schlössle* oder im *Steirereck*, und ich konnte mich nicht einmal damit trösten, dreimal umsonst vom Bellevue zum Central und wieder zurück gefahren zu sein, weil ich sowieso eine Tageskarte für den Verkehrsverbund in der Tasche hatte.

Da ich schon dabei war, setzte ich das Geldhinauswerfen in den Buchhandlungen fort (in Zürich gibt es Bücher von Tokioter Verlagen wie Treville oder Magazine House, die ich bei solchen Gelegenheiten mitnehmen muß, zum Beispiel *The Banquet* von Nobuyoshi Araki mit Food-Fotografie der anderen Art), und zuletzt ging ich noch zu *Russo* und investierte dort in seltsam geformte polychrome Hartweizengrießpasta (»lavorazione artigianale«), Feigenessig (aus der Acetoria Robert Bauer, Flein/BRD - daß ich deutschen Essig in einem italienischen Geschäft in der Schweiz kaufe, ist ein österreichisches Schicksal), panierte Zucchiniblüten (sie waren noch frisch gewesen, als ich am Vormittag vorbeigekommen war) und getrüffeltes Artischockenmus. Zum Essigangebot gehört übrigens auch ein Sechserpack Essiggläser von Riedel um 300 Franken, weil wir aber nicht regelmäßig Essig trinken, griff ich hier nicht zu - ich komme mir ohnehin oft wie in einer Laienaufführung von »Mann und Frau im Essigkrug« vor, wozu da noch Essiggläser).

Ein paar Dinge, die ich neuerdings über Schokolade weiß:
»Kakaophantasie«, ein hübscher Euphemismus für Schokoladen, bei denen die Kakaobutter ganz oder teilweise durch Pflanzenfett ersetzt worden ist. »Masse Yvoire« gefällt mir auch nicht schlecht, das ist ein Name für das, was der Laie »Weiße Schokolade« nennt (das Gesetz erlaubt das aber nicht). Die Belgier nennen die extrem bitteren Sorten »deutsche Schokolade«. (Das erinnert mich daran,

daß das Furzen im britischen Slang einst »talk German« hieß.)
Milchpulversorten gibt's folgende: Magermilchpulver, sprühgetrocknetes Vollmilchpulver (= Spray; wenn Pollmer recht hat, müßte das wohl Oxycholesterin enthalten); walzengetrocknetes Vollmilchpulver (= Roller) und sahnige Milchflocken (kondensierte Milch zusammen mit Zucker getrocknet). Nebenbei bemerkt: Wenn die Milch Aflatoxine enthält (wegen der Verfütterung von Erdnußschrot an die Kühe), erreichen diese im Milchpulver hohe Konzentrationen.
Nur ganz wenige Schokoladen (wie z. B. die französische Nestlé noir) werden mit echter Vanille gemacht, normalerweise wird Vanillin verwendet, ein »naturidentisches«, also vollsynthetisches Aroma. Ich bin zwar nicht abergläubisch genug, synthetisierte Geschmacksstoffe generell für schädlich zu halten, aber den Mythos von der »Natürlichkeit« der Schokolade kratzt dieses Faktum schon an. Aber vielleicht geben ohnehin die braunen Kühe Milch, die violetten aber gleich Milchpulver, und der Alp-Öhi mit dem weißen Vollbart sieht nur so aus, als wäre er siebzig, in Wirklichkeit ist er dreißig und durch den ständigen Verzehr von naturidentischen Aromastoffen vorzeitig stark gealtert.

Auf der Suche nach Schoko-Informationen fand ich im *Magazin* des Zürcher *Tagesanzeigers* Nr. 35 vom 29. August 1987 einen festhaltenswerten Ausspruch des Nestlé-Bosses Helmut O. Maucher: »Überdies sind wir immer mehr der Natur auf der Spur. Wir stellen so echtes Chicken-Aroma her, daß Sie das Huhn gackern hören, wenn Sie die Suppe löffeln. Das ist eine tolle Sache.«

Material für Jandl.
Heave! Gack! Yak! Puke! Barf! Retch! Woof! Yuke! Brack! Gag! Boot! Chuck! Urp!
(Amerikanische Onomatopoesie für das Erbrechen, zitiert nach dem *Guide to Bodily Fluids* von Paul Spinrad, San Francisco 1994.) Laryngologen könnten vielleicht Zuordnungen zu unterschiedlichen Kehlkopfeinstellungen vornehmen. Als Halbwüchsige pflegten wir den Zunamen des Westernhelden Wyatt Earp zu rülpsen (»Öööarpp!«). Eine Spike-Jones-Nummer thematisiert das auf einer etwas höheren ästhetischen Ebene (»Wyatt Earp makes me burp«).

Hörte aus vertrauenswürdiger Quelle eine Geschichte über einen Vorarlberger Restaurantkritiker, den ich auch persönlich - aus anderem Zusammenhang - kenne: Ein Arzt mit einer Vorliebe für practical jokes füllte auf seiner Berghütte einen ganz gewöhnlichen Kalterer See in eine Mouton-Rothschild-Flasche um und kredenzte ihn seinen Gästen mit großem Brimborium. Unser Tester verkostete ausführlich und gab bis zur schließlichen Aufklärung Kommentare à la »Der kommt schon noch, der entwickelt sich noch sehr schön, wenn genug Sauerstoff dazukommt« ab. Nachher soll er sehr zornig gewesen sein, was ich in diesem Fall gut verstehen kann, denn es mag beim Weinverkosten allerlei möglich sein, aber das *darf* nicht passieren. (Die Leute, die bei einer Rodenstock-Verkostung einen algerischen Rotwein um 60 Schilling zum Wein des Abends erklärten, waren natürlich keine Tester oder Weinkenner, sondern ebenfalls eingeladene Politiker und sonstige VIPs.)

In Tifton/Georgia ist Sylvanus »Hambone« Smith III in einem 1,5 x 2,5 Meter großen Sarg bestattet worden. Er wog 450 Kilo und war während der Totenmesse in einem Stadion auf einem Tieflader aufgebahrt. Unter den Todesursachen werden Diabetes und Bluthochdruck aufgezählt.

Heute die Meldung über die ersten Hungertoten in Nordbosnien, darunter ein dreijähriger Junge, der sieben Kilo wog.

Ich glaube, Saul Steinberg ist der Erfinder dieser Panoramen, die beispielsweise vorn mit dem Zeichentisch über der Lexington Avenue beginnen, im Mittelgrund hinter dem East River Queens und Brooklyn, dann den Atlantischen Ozean zeigen, worauf Europa (mit drei Pariser Straßen), Rußland und China folgen, dahinter der Pazifik, und am Horizont der Hudson River, die Westside und der Central Park. Die erste Darstellung dieser Art war das von der 9th Avenue bis zum fernen Japan reichende Titelbild des *New Yorker* vom 29. 3. 76.

So kam ich mir vor, als ich heute endlich einmal die *Confiserie Teuscher* in der Zürcher Bahnhofstraße betrat. Das ist - zumindest im Verhältnis zu *Sprüngli*, von dem ich gerade gekommen war - ein relativ kleines Geschäft, sehr auffällig dekoriert, wobei der Farb- und Formrausch weniger an die üblicherweise mit Schokolade assoziierte Erotik als vielmehr an Lebensfreude und Eleganz erinnert. Ich sah mich ein wenig um, probierte die Spezialität des Hauses, die Champagnertrüffeln, und kaufte Zürcher Leckerli. Dann plauderte ich ein wenig mit der Verkäuferin, und sie gab mir ein Kärtchen mit einer Aufstellung, wo Teuschers Leckerli in Übersee erhältlich sind: In der Fifth Avenue in New York ebenso wie in der Orchard Road in Singapur, in Houston, Beverly Hills, San Francisco, Toronto und Tokyo. Einen Moment lang sah ich dasselbe Panorama wie die kleine Kreatur, die auf dem Steinberg-Titelbild gerade die Straße überquert und am Ende der Häuserschluchten Asien erblicken könnte, wenn sie nur hinsähe.

Ein paar Minuten vorher hatte ich mit einem *Sprüngli*-Manager darüber gesprochen, wer in der Lage wäre, mir eine Liste der zwanzig besten Confiserien der Schweiz für das Schokoladebuch zu liefern; er suchte mir die Adresse des Konditorenverbands heraus. Zuletzt fragte ich ihn, ob bei ihnen der 1. Stock als Entresol bezeichnet werde (ich dachte, das sei so etwas wie ein Wiener Mezzanin), und er bestätigte das. Dann fing er plötzlich zu stottern an: »Ja ... wenn Sie über das Entresol schreiben ... dann müssen Sie aber nicht ... die Frauen und die Mannen ... diese alte Geschichte da mit den Mannen, die wegen der Frauen ... also die müssen Sie nicht erwähnen.« Ich glotzte ihn so verständnislos an, daß er erleichtert anfügte: »Ja, wenn Sie noch nichts davon gehört haben, dann vergessen Sie das einfach.« Erst auf der Straße wurde mir klar, daß ich doch schon davon gehört hatte, zuletzt als Berufsschullehrer in den Fleischerklassen. Da erzählten sich die Jungs nämlich, in Zürich gäbe es ein Café, wo »reiche alte Schweizerinnen« (reich und alt ist man für einen 16jährigen Vorarlberger Metzger bald einmal) auf interessante Angebote von sukkulenten jungen Männern warteten, und wo man sich als Vertreter dieser Gattung schnell ein paar Stutz verdienen konnte. Daß dieses Café »Sprüngli« heißen und das berühmte *Sprüngli* sein sollte, hielt ich damals für einen Witz, eine urban legend oder ein Mißverständnis, jetzt habe ich aber Grund, meine Meinung zu revidieren. Es gibt also doch auch in der calvinistischen Schweiz eine deutliche Verbindung zwischen Erotik und Schokolade.

Dem Wunsch des Managers, diese Angelegenheit in dem Schokoladebuch nicht zu erwähnen, bin ich natürlich gerne nachgekommen.

Gegessen habe ich an diesem heißen Mittag in der *Cantinetta Antinori* in der Augustinerstraße, einen Risotto mit Sommertrüffel, bei dem mir endlich klar wurde, warum dieser Pilz zwar manchmal nach echten Trüffeln schmeckt, meistens aber nicht: er

tut es dann, wenn ihm mit Trüffelöl nachgeholfen wird. Diesmal lagen ein paar frisch gehobelte Scheibchen obenauf, und am Risotto konnte man das Öl sehen. Die Scheibchen schmeckten nach nichts, der Reis dank dem Öl ziemlich intensiv.
Der neueste Trüffel-Schwindel ist allerdings die Verwendung von Tuber himalayense. Das ist eine asiatische Art, die selbst kaum Geruch und Geschmack hat, diesen aber von echten Trüffeln, mit denen sie zusammengelegt wird, sehr gut annimmt. Dagegen wäre ja nichts zu sagen, wenn sie dann zum Billigpreis verkauft würde, aber man benützt sie natürlich nicht als Aromaträger, sondern zur gezielten Verfälschung.

»Pure Chemie, undefinierbare Nase. Riecht wie ein Gemisch aus aufgelösten Drops und WC-Duftsteinen. Am Gaumen synthetisch. Gemäßigte Säure, matt-süßes Finale mit anschließendem Magengrimmen. Das pure Grauen.«
»Widerwärtige Gechmacksfusion aus Hustensaft, Jägermeister und Klosterfrau Melissengeist in Ampullenform ... schmeckt ekelhaft, wie eine Mischung aus Wick-Day-Med und abgestandenem Zitrone-Tri-Top. Verzerrt die Gesichtszüge, läßt den Sod brennen und die Zunge ergrünen ... Wirkung: Man kann auf der Stelle Grashalme ausreißen ... Wirkung: Außer Rülpsen leider nichts gewesen (immerhin wird man nicht müde) ... Eine geschmackliche Totalentgleisung ... das Ekelpaket unter den E-Drinks.«

Urteile wie diese (das erste, von einer Önologin, aus dem *Feinschmecker* 11/94 über Red Bull, die anderen, über verschiedene Power-Drinks, aus der *Woche* vom 14. Juli 1995; es ließe sich noch mehr zitieren) klingen für mich eher nach Ressentiments gegen die Techno-Kultur als nach echten Sinneseindrücken. Erstens sind zumindest manche von den Guarana-Drinks nicht ganz so entsetzlich, wie sie geschildert werden, und zweitens kenne ich den Tonfall aus meiner Kindheit von den Geschichten, die über Coca Cola in Umlauf gebracht wurden (das Stück Fleisch, das sich darin auflöst, etc.).

NZZ-Lektüre: Nichts Neues von den Chinesen: Mehrere Bärenarten stehen vor der Ausrottung, weil ihre Gallenblasen in der traditionellen chinesischen Medizin verwendet werden. Doch etwas (für mich) Neues: Beim derzeitigen Deutschlandbesuch des chinesischen Staats- und Parteichefs Jiang Zemin wurde von Protestlern zum Stopp der Massenimporte chinesischer Schweinedärme für die Münchner Weißwurst aufgerufen. Die Schweine Chinas treten in unseren Medien vor allem auf Fotos in Erscheinung, die zeigen, wie große Exemplare, irgendwie auf einen Fahrradträger gepackt, zum Markt gebracht werden; daß Teile von denen irgendwann im *Straubinger Hof* landen könnten, hätte ich nicht gedacht. Bekannt war mir hingegen, daß die Lieferanten des Parmaschinkens mit ausgestreckter rechter Vorderpfote grüßen; die kommen nämlich aus Deutschland. Ich ziehe seither Serrano-

Schinken vor, aber nur, bis ich erfahre, woher dessen Schweine stammen.

Vergebliche Versuche, Peter Waters' *Concerto del vino italiano 1994* aufzutreiben. Waters ist ein australischer Pianist, der für einen St. Galler Weinhändler im letzten Herbst passende Musik zu einer abgestimmten Folge von sieben Weiß- und Rotweinen auswählte. Zum Gavi 1993 hört man nun also das Prélude aus Ravels »Tombeau de Couperin«, zum Chianti Classico Bach, zum Brunello Schuhmann. Für Barolo und Barbaresco hat Waters eigene Stücke komponiert. Das ganze Experiment, das sich zur Wiederholung als Gesellschaftsspiel sehr gut eignet (vor allem als Abwechslung zur majestätischen Langeweile der ewigen Weinverkostungen), läuft unter dem Stichwort »Synästhesie«, was natürlich stark übertrieben ist, weil es ja tatsächlich bloß um Assoziationen bzw. um Konditionierung handelt (falls man es wirklich so weit bringt, nach einer Weile beim Anhören der Stücke den Wein auf der Zunge zu fühlen). Ich habe gerade Cytowics Buch *Farben hören, Töne schmecken* gelesen, das zwar reichlich geschwätzig ist, aber in zwei Punkten doch wohltuend klar: Echte Synästhesien sind unfreiwilliger Natur und nicht willentlich hervorrufbar, und es gibt keine Übereinstimmungen zwischen den parallelen Empfindungen von Synästhetikern. (Für das letztere zitierte ich als Beispiel bislang immer Rimbauds und Nabokovs unterschiedliche Farbangaben für die Vokale.)

Auch beendet das dritte der fünf von Cytowic entwickelten Hauptkriterien zur Diagnose von Synästhesie alle Debatten über mögliche Zusammenhänge mit der Weinverkostung: »Synästhetische Wahrnehmungen sind dauerhaft, eindeutig zu unterscheiden und abstrakt.« Abstrakt heißt, daß es sich um »Kleckse, Linien, Spiralen und Gittermuster, glatte oder rauhe Oberflächen, angenehme oder unangenehme Geschmacksempfindungen« handelt und niemals um komplexe Szenen. »Synästhetiker sehen keine Almweiden oder Tempel, schmecken keine Hühnersuppe, wie Mutter sie kochte, und spüren auch keinen Badeschwamm. So spezifisch werden die Empfindungen nie.« (S. 96) Die wirklichen Weinkenner dividieren auch nur die Aromen auseinander, aber die Pseudopoeten unter ihnen bemühen sich ja gerade um »komplexe Szenen«.

Ein Grenzfall ist die Beobachtung meines alten Freundes W., einen Mann mit geschulten Papillen, der die angespannte Stille der Verkosterrunde nach dem ersten Schluck von einem Mercurey (genauer erinnere ich mich nicht, und meine Notizen habe ich längst fortgeworfen) mit seinem Experturteil durchbrach: »Schmeckt nach Fut.« Ob das abstrakt oder komplex war, wage ich nicht zu entscheiden.)

Interessant für Köche: Eine von Cytowics Versuchspersonen, ein Mann, der Geschmäcker als haptisch greifbare Formen empfand (beispielsweise Angostura als einen »schrumpligen Korb mit Hängeefeu«), sagte, er liebe die französische Küche, »weil sich bei ihr die Formen ganz fabelhaft wandeln«.

Whiskyverkostung in der einzigen Whisky-Bar von Bregenz (»Oh, show me the way…«): Trank mich von den Highlands nach Islay und wieder zurück und beschloß, bei meinen bisherigen Favoriten Macallan und Ardbeg zu bleiben. Die W. C. Fields-Nase des Importeurs diente an jenem Abend als warnendes Stoplicht vor dem Absturz.

Der neue *Feinschmecker* bringt einen Test »Sind Sie ein Feinschmecker?« Ich schlug ihn in der Erwartung auf, daß Zeugs gefragt würde, bei dem ich sofort aussteige, aber die Fragen lauteten, was ein Wok sei, was man unter Palatschinken verstünde, woher das Entrecote stamme etc. Ich dachte dann eine Weile darüber nach, wie ich einen solchen Test anlegen würde, kam aber zum Schluß, daß es keine Fragen gibt, die ein Feinschmecker beantworten können muß, zu testen wären nur seine Zunge und vielleicht sein Gedächtnis. Der Fragentypus, der mir zuerst einfiel (»Welches Öl nimmt man zu kaltem Spargel?«, »Wozu paßt Feigenessig?« oder »Aus welchem Material sollte ein Kaviarbesteck gefertigt sein?«), sind Fragen an den Koch und den Kellner, nicht an den Gourmet.

Restauranttester sollten doch selber kochen, trotz des bekannten Spruches vom Ei, das man beurteilen kann, ohne es selbst gelegt zu haben. Es gibt nämlich Speisen, die bei richtiger Zubereitung viel besser schmecken, als ihre Zutatenliste vermuten ließe, ein typisches Beispiel scheint mir die Gazpacho. Da ist wirklich nichts Besonderes drinnen, aber richtig gemacht und gekühlt ist sie eine wahre Köstlichkeit. Wer's nicht aus eigener Erfahrung weiß, wird glauben, der Koch kenne einen ganz besonderen Trick.

In den letzten Tagen ein paar Mißgriffe: In dem Bodensee-Artikel im nun vorliegenden *Merian*-Heft behaupte ich, daß man Kässpätzleteig ohne Ei macht, was so falsch ist, daß ich mich frage, wie ich darauf kommen konnte, und in einer Zeitung empfahl ich letzte Woche die Rindfleischvariationen eines Gasthauses, in dem sie mir früher auch tatsächlich immer gut geschmeckt haben, nur habe ich mittlerweile erfahren, daß sie jetzt im Sommer nicht mehr auf der Karte stehen. (Ich hatte nicht nachgeschaut, weil ich wegen eines von mir unerwarteten Redaktionsschlusses sehr unter Zeitdruck stand, aber das ist auch keine Entschuldigung.)
Aber ich bin nicht der einzige, dem so etwas passiert; in der vor kurzem erschienenen Neuausgabe von *Essen und Trinken am Bodensee* von Horst Winkelmann wird als einziges Lokal in Hard ein Chinese empfohlen, der einen »Schanghai-Einschlag mit leichter Thai-Richtung« haben soll. Dieses Chinalokal gibt's schon fast ein Jahr nicht mehr, was von ihm geblieben ist, sind die Polaroids, mit denen der neue Besitzer des Lokals die unglaub-

lichen hygienischen Zustände in der Küche des empfohlenen Chinesen dokumentiert hat.

Eigentlich sollte ein Rausch am Ende dieses Buches stehen. Gedacht war dabei weder an einen Alkohol- noch an einen Konsumrausch, sondern an den beim Fasten durch Ausschüttung körpereigener Opiate erzeugten, erheblich veränderten Bewußtseinszustand. Bei mir funktionierte das früher recht gut, nach einem ersten etwas flauen Tag beim Nullfasten hob ich dann so kräftig ab, daß allein das die Erfahrung wert war (am gesundheitlichen Wert darf eh gezweifelt werden, die Ansichten der »Fachleute« sind allerdings wie üblich diametral entgegengesetzt).
Aber ich bin schon zu phäakisch, ich schaffe es nicht mehr. Ein Rausch, auf den ich hätte ausweichen können, wäre der mittels Habañeros gewesen, jener allerschärfsten Chilischoten-Sorte, deren Genuß sogar vorübergehende Taubheit auslösen soll und die kurzfristig mindestens dieselbe Opiatausschüttung auslöst wie das Fasten, aber Habaneros sind hier unerreichbar.
Das Fasten hätte freilich mehr Text produziert. Meine Zugslektüre der letzten Zeit war immer wieder Maud Ellmanns Buch *Die Hungerkünstler*, Untertitel: Hungern, Schreiben, Gefangenschaft (Stuttgart 1994). Dieses Buch, das sich als eine Phänomenologie des freiwilligen Hungers versteht, stellt einige verblüffende Zusammenhänge her zwischen den Hungerstreikenden der IRA in Long Kesh, der

Anorexie und dem Schreiben, zum Teil freilich mit einer Technik, die mich an Dalìs kritisch-paranoische Methode erinnert, mit der jedes Ding in ein anderes verwandelt werden kann. Das Schreiben und das Hungern gelten der Autorin als zwei Künste, die die Dekonstruktion des Fleisches bewirken: »Da Nahrung und Wörter umlaufende *Zahlungsmittel* sind, ist der Fastende, wenn er die eine Form des Austausches verweigert, offenbar gezwungen, sich auf dem anderen Gebiet Befriedigung zu verschaffen.« (S. 123)

Die Hungernden produzieren also Texte. »Je dünner der Körper, desto dicker das Buch: es scheint als ob die liliputanerhafte Reduzierung des Fleisches eine entsprechend riesige Inflation von Worten mit sich bringt.« (S. 43)

Die Verwandlung von »Fett in Prosa« erscheint bei Ellmann als »säkulare Variante der Eucharistie«, und sie sieht auch noch eine banalere Ursache: »Überdies konservieren ihre Wörter das Essen für ein zukünftiges Genießen, sie bannen es wie tiefgefrorene oder gefriergetrocknete Nahrung auf den Seiten ihres Büchleins fest. Auf diese Weise kann jede verbotene Mahlzeit noch einmal verschlungen, mit jedem Wiederlesen wiedergegessen werden.«

Das alles scheint mir nachvollziehbar; was ich mit der »kritisch-paranoischen Methode« meine, sind Stellen wie die, wo Ellmann den Mechanismus darstellt, der aus den Gegnern des Vietnamkriegs der sechziger Jahre die Gesundheitsapostel der siebziger gemacht hat (S. 21f): Die Leidenschaften kehrten

sich nach innen, auf den eigenen Körper, der sich nun einer Invasion ausgesetzt sah, durch »Gifte« wie »Zusatzmittel, Cholesterin und Kalorien, die als harmlose Nahrungsmittel getarnt in den Körper einzudringen drohten«. Es kommt noch dicker: »In einem gewissen Sinn war der Krieg jetzt in unser Land getragen worden, denn nun waren es unsere Körper, die belagert wurden, und nicht mehr die der Vietnamesen. Nur ein kompromißloses Auf-der-Hutsein konnte uns vor den Chemikalien retten, die von jedem Regal im Supermarkt wie Bomben auf uns niederregneten.«
Der Zynismus dieser Idee ist natürlich unfreiwillig; so etwas kann nur einen Kontinent entfernt vom nächsten Kriegsschauplatz aufs Papier gebracht werden, von jemandem, der Fernsehen und Realität verwechselt.
Jane Fonda trainierte sechs Stunden täglich »nach einem eisernen Programm, das an das erinnert, nach dem die Soldaten der US-Army gedrillt werden«. Und warum soll die von der Fonda empfohlene Kost »reich an Fasern, mehrfach ungesättigten Fettsäuren, arm an tierischem Eiweiß, fettarm« sein? Weil es dem derzeitigen Unwissensstand der Ernährungsberatung entspricht? Nein, weil sie dadurch der »eines vietnamesischen Bauern vor dem Krieg« entspricht; »so als ob wir für die Entlaubung ihres Landes Buße tun könnten, indem wir unsere Mägen voll grüner Blätter stopfen«. Die Betonung des Faserreichtums suggeriert, daß man »die immer schwächer werdende *moralische Faser* Amerikas ret-

ten kann, indem man voller Heroismus auf den unverdaulichen Schalen von allerlei Gemüse herumkaut«.

Und zuletzt bringt es Ellman auch noch zustande, brennende Benzingelatine und Gesundheitskost in einem Atemzug zu erwähnen: »Zum Beispiel dient Jane Fondas Aufforderung, sich um die *Verbrennung* zu bemühen, gleichzeitig dazu, die Napalmangriffe auf Vietnam zu sühnen und sie noch einmal zu *durchleben*, und sie läßt die Vermutung aufkommen, daß die Opferriten in Form von körperlichen Übungen weniger das Ende der Welt fernhalten, als es ermöglichen sollen, den Weltuntergang jetzt, die *Apocalypse now* zu genießen.«

Ich tue dem Buch allerdings unrecht, wenn ich gerade diese paar Seiten interpretatorischen Deliriums so ausführlich zitiere. Es ist nämlich über weite Teile eine duchaus anregende Lektüre, auch dort, wo man nicht mit den Gedanken der Autorin übereinstimmt. Was sie beispielsweise über die Zusammenhänge von Suffragettentum und Anorexie schreibt oder über den *troscud*, das »Fasten um ein Pfand« im mittelalterlichen Irland, habe ich anderswo so noch nicht gefunden. Und daß das Thema Hungern so unterschiedliche Schriftsteller wie Emily Dickinson, Franz Kafka, J. M. Coetzee, Samuel Richardson, Simone Weil, Lord Byron und William Butler Yeats in einen sinnvollen Zusammenhang bringt, wirkt zunächst überraschend, bevor es überzeugt. Das sind Gründe, das Buch doch zwischen Canettis *Masse und Macht* und

Bachtins *Rabelais und seine Welt* ins Regal zu stellen. Zuletzt bringt Ellmann den Asketen und den Gourmand in einem Satz zusammen. »Der eine ißt nichts, der andere alles; aber beide unterliegen dem Ekel und beide sprechen der Nahrung, mag sie auch noch so vielfältig sein, die Fähigkeit ab, unseren Durst nach dem Mangel zu stillen oder unseren immerwährenden Hunger nach dem Ende.« (S. 191) Der Gourmet freilich ißt weder nichts noch alles, er begreift die menschliche Möglichkeit zur Omniphagie weder als Verdammnis noch als Verlockung, denn er tut genau das, was Asket und Vielfraß verweigern: er wählt aus.

Der »immerwährende Hunger nach dem Ende« ist ohnehin leicht zu stillen.

FINIS

Bibliographie

A la carte 1995. Wien 1994.

Bachtin, Michail: *Rabelais und seine Welt. Volkskultur als Gegenkultur.* Frankfurt am Main 1995.

Brillat-Savarin, Jean Anthelme: *Physiologie des Geschmacks.* München 1962.

Carluccio, Antonio: *Pilze für Feinschmecker.* München 1989.

Carper, Jean: *Wundermedizin Nahrung.* Düsseldorf 1994.

Ceronetti, Guido: *Das Schweigen des Körpers.* Bibliothek Suhrkamp 810. Frankfurt am Main 1983.

Chagnon, Napoleon: *Die Yanomämö. Leben und Sterben der Indianer am Orinoko.* Berlin 1994.

Cytowic, Richard E.: *Farben hören, Töne schmecken.* Die bizarre Welt der Sinne. Berlin 1995.

Dries, Jan und Inge: *Lebensmittel richtig kombinieren.* Ritterhude 1994.

Ellmann, Maud: *Die Hungerkünstler. Hungern, Schreiben, Gefangenschaft.* Stuttgart 1994.

Gault-Millau Guide Schweiz 1994. Zürich 1993.

Guzek, Gaby/Lange, Elisabeth: *Pilze im Körper. Krank ohne Grund?* München 1994.

Harris, Marvin: *Wohlgeschmack und Widerwillen. Die Rätsel der Nahrungstabus.* Stuttgart 1988.

Logue, A. W.: *Die Psychologie des Essens und Trinkens.* Heidelberg 1995.

Malet, Leo: *Stoff für viele Leben.* Autobiographie. Hamburg 1990.

Mehlhorn, Birgit und Heinz: *Zecken, Milben, Fliegen, Schaben ...* Schach dem Ungeziefer. Heidelberg, 2. erw. Auflage 1992.

Montaigne, Michel: *Die Essais.* Stuttgart 1969.

Montignac, Michel: *Essen gehen und dabei abnehmen.* Heidelberg 1993.

Morton, Frederic: *Schokolade. Kakao, Praline, Trüffel & Co.* Wien 1995.
Pollmer, Udo, Fock, Andrea, Gonder, Ulrike und Haug, Karin: *Prost Mahlzeit! Krank durch gesunde Ernährung.* Köln 1994.
Ross, Thomas: *Die im Dunkeln.* München 1995.
Rost, Jutta: *Die Candida-Mykose - eine Pilzerkrankung mit vielen Gesichtern.* Stuttgart 1994.
Siebeck, Wolfram: *Die Beisln von Wien.* Wien 1995.
Spinrad, Paul: *Guide to Bodily Fluids.* San Francisco 1994.
Theroux, Paul: *Das chinesische Abenteuer.* Düsseldorf 1989.
Vaerst, Eugen von: *Gastrosophie oder Lehre von den Freuden der Tafel.* 2 Bde. München 1975.
Wagner, Christoph: *Alles was Gott erlaubt hat.* Wien 1994.
Weiss, Thomas: *Krank im Schlaraffenland.* München 1994.
Wien wie es ißt '94. Wien 1994.
Winkelmann, Horst: *Essen und Trinken am Bodensee.* Konstanz 1995.
Renate Zeltner: *Mit Pilzen.* München 1994.

Anmerkungen

Seite 5: ... *mit der Linsengeschichte* ...
In der Übertragung von Franz Buber und Martin Rosenzweig »sott Jaakob einen Sud« und Esau sagt: »Laß mich doch schlingen von dem Roten, dem Roten da, denn ich bin ermattet.«

Seite 9: *Hail to thee snitzel*
Axel Maria Marquardt: *Standbein Spielbein,* Zürich 1992, S. 27.

Seite 9: ... *Montaigne* ...
Michel de Montaigne: *Die Essais.* Stuttgart 1969, S. 150.
Der »Dialog zwischen Karotten- und Spargelcrèmesuppe« stand am 6. 5. 1995 auf der Karte des *Alten Gerichts* in Sulz.

Seite 13: ...*Trüschen* ...
Die Trüsche oder der Trüschen ist anderswo unter den Namen Aalraupe, Aalrutte oder Quappe bekannter.

Seite 15: ... *Lamm Ämirstan* ...
Anspielung auf eine berühmte Kurzgeschichte von Stanley Ellin, *Die Spezialität des Hauses*; das Lamm Ämirstan gibt es bei Sbirro nur ganz gelegentlich, und immer fehlt gerade dann einer der Stammgäste, die es so sehr schätzen ...

Seite 15: Das *Mraz* hat mittlerweile eine Haube im *Gault-Millau 1995* und steht als »Tip« im *A la carte 1995*.

Seite 20: ... *Udo Pollmer* ...
Im Standard vom 2. Juni 1995, Album S. 2, sagte ein Arzt namens Ulrich Strunz, der den Vorstellungen der Instinktos zumindest nahesteht, im Gespräch mit Michael Reinartz, dem Gault-Millau-Chef in Österreich, über Pollmer: »Ach, der Udo Pollmer ist doch nur gewohnt, mit Ratten und Reagenzgläsern umzugehen, der hat doch nicht die leiseste Vorstellung, was ein Mensch ist! Natürlich hat er auch viele richtige Ideen, aber bekannt wird er mit den abseitigen. Der ist ein Chemiker, kein Arzt. Als reiner Naturwissenschaftler bin ich auch am Menschen vorbeigegangen. Da will man es immer ganz präzise. Der Mensch ist aber nicht präzise, der ist ein bissele schwammig, der hat Gefühle, den kann man so nicht beschreiben.«
Was daran stimmt, ist, daß Pollmer wahrscheinlich wirklich »nicht die leiseste Vorstellung hat«, was ein Strunz ist, und daß er eine Vorliebe für Abseitiges hat, wozu ich beispielsweise seine Behauptung zählen würde, daß der »in aller Regel« aus indischem oder chinesischem Menschenhaar gewonnene Stoff L-Cystin in Brotfabriken »für Maschinengängigkeit des Teiges und für den typischen Brötchenduft« sorgt (*Feinschmecker* 1/95, S. 71).
Das ändert aber nichts an meiner generellen Einschätzung von *Prost Mahlzeit!* als äußerst lesenswertem Pamphlet gegen die Gesundheitsfanatiker.

Seite 34: *A Wurschtmohl* ...
Ein Wurstmahl bei den einfachen Leuten. Liebesmahl beim Gütle-Wirt.
Ein Pfiff Bier
Schwartenmagen (= Sülze) vom Schaf mit Mostessig und Zwiebeln
dazu Brot und Most
Fleischkuchen vom Schafsbeuschel
Ein Spieß vom Schaf mit Gartengemüse und Kartoffeln
dazu Missianer Edelvernatsch

Apfelküchlein mit kaltem Apfelmus
ein Stamperl Subirer (= Birnenschnaps)
Saurer Käse.

Seite 35: ... *die schwärzesten Kasiner* ...
Abfällige Vorarlberger Bezeichnung für konservative ÖVP-Kreise.

Seite 39: ... *Spoerri* ...
Daniel Spoerri, *1930 in Galati/Rumänien, Schweizer Künstler, der u. a. 1968 eine Eat-Art Edition gründete und in Düsseldorf ein Restaurant eröffnete.

Seite 40: *Joe Coleman würde staunen.*
Bei neuerlicher, näherer Betrachtung von Colemans Buch *The man of sorrows* staunte ich selbst: Was ich die ganze Zeit für einen Hundekadaver gehalten hatte, scheint mir nun doch ein abgehäutetes Lamm zu sein.

Seite 49: ... *Mangas* ...
Manga = japanischer Comic strip.

Seite 50: ... *Andreas Braun* ...
Bei der Abschiedsparty für Braun am 2. 3. 95 im Hotel Scandic Crown in Innsbruck gab es deshalb einen Aperitif namens »Gulasch«, der mit einem Stückchen Fleisch dekoriert war.

Seite 66: *Erdäpfelsalat bleibt Erdäpfelsalat.*
Die Filmschaffende und Autorin Ruth Beckermann in *Profil* Nr. 9 vom 27. 2. 95, S. 84: »Südautobahn, Rückfahrt nach Wien. »Erdäpfelsalat bleibt Erdäpfelsalat«, »Daham bleibt Daham«, »Wean bleibt Wean«. Eine Großstadt präsentiert sich als Provinzstadl. Noch in den EU-werbenden Begrüßungsfloskeln für Einheimische hallt fremdenfeindliche Dümmlichkeit nach.«

Seite 71: *»Quid sapiat ostreum ...«*
Das Seneca-Zitat heißt in der Übersetzung von Georg Schoeck (München 1994, S. 53): »Wie Austern und Meerbarben schmecken, weißt du nun genau. Deine Schwelgerei hat deinen künftigen Jahren nichts übriggelassen. Und doch sind es diese Dinge, von denen du dich so ungern losreißt.«

Seite 81: ... *Rimbaud* ...
»Was dem Dichter zu sagen ist in puncto Blumen«, in: *Das trunkene Schiff*, übersetzt von Hans Therre und Rainer G. Schmidt, München 1988, S. 384.

Seite 82: *Schnepfendreck*
Zur Zubereitung von Schnepfendreck wird der gelbe, muskulöse spiralig gewachsene Darm der Schnepfe mit dem darin enthaltenen Rest halbverdauter Würmer und Larven ungereinigt verarbeitet. Gourmets schätzen das besondere Aroma.

Seite 83: *Als Getränk sind solche Flüssigkeiten anzusehen ...*
Das absurd klingende Zitat bezieht sich auf den sog. »Heißwasserstreit«, bei dem es darum ging, ob die Gemeinden für den Verkauf von heißem Wasser zum Teemachen auf Berghütten Getränkesteuer verlangen dürfen oder nicht.

Seite 87: ... *japanische und taiwanesische Fischer sollen ...*
Die vorsichtige Formulierung verwendete ich wegen der unseriösen Quelle, eines Boulevardblatts nämlich. In *Kosmos* 8/95 las man dann im Artikel *Seegurken-Ernte gefährdet Öko-System* von Hans Heinrich Vogt (S. 68): »Im Oktober 1994 war von der Regierung der Fang von 500.000 Seegurken für drei Monate zugelassen worden. Schon im Dezember hatten die Boote mehr als 7 Millionen Tiere geräubert und dabei den Meeresgrund weitgehend verwüstet. (...) Ein neuerliches Verbot Ende Dezember führte zu gewalttätigen Protesten der Fischer mit der Drohung, die berühmten Galapagos-Schildkröten in der Darwinstation zu töten. Seither wechseln Zugeständnisse und Interventionen einander ab.«

Seite 88: ... *Lautreamont* ...
Die Gesänge des Maldoror, München 1976, S. 269/70.

Seite 93: ... *Matcha* ...
Der japanische grüne Pulvertee, der bei der Teezeremonie verwendet wird.
Seite 94: ... *Schweinderltourismus* ...
Der Lainzer Tiergarten ist für seine Wildschweinpopulation bekannt.

Seite 95: *Imam bayildi* ...
Diese türkische Bezeichnung für eine gefüllte Aubergine bedeutet »Der Imam fiel in Ohnmacht« (vor Entzücken über den Wohlgeschmack).

Seite 108: *Hund fraß Herrl* war der Titel einer Meldung im *Standard* vom 25. 3. 1995, die berichtete, daß in Madrid ein sibirischer Schäferhund seinem schlafenden Herrn einen Teil des wegen einer medizinischen Behandlung gefühllos gewordenen rechten Fußes

abgefressen habe. Am nächsten Tag meldeten die Sonntagszeitungen, daß eine 60jährige Frau, die sieben ihrer Kinder getötet und zum Teil gegessen haben soll, in Lukasa (Sambia) wegen verbotener Hexereipraktiken zu sechs Monaten Haft verurteilt worden sei.
Noch ein Beispiel aus Omsk: Laut Austria Presse Agentur verhängte ein Gericht in der sibirischen Region von Altai harte Strafen gegen zwei Häftlinge namens Alexander Maslich und Alexei Goluzov, die ihrem 23jährigen Zellengenossen den Kopf abgetrennt, Teile seines Körpers über einem Feuer gekocht und anschließend verspeist hatten.

Seite 114: *Die Fötensuppen in Shenzhen ...*
Die Hongkonger Zeitung *Eastern Express* hatte Mitte April berichtet, daß abgetriebene Föten gegessen würden, weil sie gesundheits- und schönheitsfördernd seien. Kliniken in der Provinz Shenzhen gäben diese Föten an Frauen weiter. »Sie machen die Haut glatter, den Körper straffer und sind gut für die Nieren«, zitierte das Blatt eine Ärztin, die sie am liebsten in Schweinefleischbrühe ißt. Das »Gesundheitszentrum für Frauen und Kinder« in Shenzhen erklärte, daß es als staatliche Klinik die abgetriebenen Föten kostenlos abgebe. »Normalerweise nehmen wir Ärzte sie selbst zum Essen nach Hause«, sagte eine andere Medizinerin. Mitarbeiter des größten Krankenhauses in Shenzhen (7.000 Abtreibungen im Vorjahr) verkauften die Föten angeblich unter der Hand für umgerechnet zwölf Schilling. Ein Mitarbeiter der Hongkonger Gesellschaft für Ernährungswissenschaften sagte, der Verzehr von Föten gehöre zur traditionellen chinesischen Heilkunde.
Die Berichte führten dazu, daß der republikanische Kongreßabgeordnete Frank Wolf die US-Regierung zu Nachforschungen aufforderte. Chinesische Behörden dementierten hierauf alle Berichte über den Fötenverkauf durch staatliche Krankenhäuser. Die Nachrichtenagentur China News Service zitierte Anfang Mai Regierungsvertreter, daß es sich um eine »journalistische Erfindung«, »reinen Schwindel« und eine »Verdrehung von Fakten« handle. Die abgetriebenen Föten würden verbrannt.

Seite 115: *... Spanking the Maid ...*
Titel einer Erzählung Robert Coovers.

Seite 119: *... nicht einmal mehr Krill ...*
Seit Jahren gibt es Überlegungen, den derzeit noch in riesigen Mengen auftretenden Krill (Euphausia superba), einen Kleinkrebs, zu

nützen. Der Mensch hat hier seinen Hauptkonkurrenten, den Wal, fast völlig ausgeschaltet, mag den Krill aber selbst offenbar doch nicht so recht, sondern macht lieber Tierfutter aus ihm. Man glaubt, bis zu 160 Millionen Tonnen (!) Krill pro Jahr fischen zu können, der mit seinen 60 Prozent Proteingehalt durchaus als Nahrungsmittel interessant wäre. Bisherige Versuche, Krill schmackhaft zu machen, sind trotz japanischer und russischer Experimente gescheitert.

Seite 123: ... *in Lindau die dort um Klassen besseren Weißwürste* ...
Die Münchner Weißwurst gehört nach österreichischem Lebensmittelgesetz zu den Bratwürsten Sorte 2: Das Brät besteht aus gekutterten 100 Teilen magerem Kalb- und Schweinefleisch und 70 Teilen Wasser bzw. Eis. 73 Teile davon werden mit 22 Teilen Rückenspeck und 5 Teilen Schwarten, Kalbsfuß oder Kopfhaut, außerdem feingehackter Zwiebel und Gewürzen wie Petersilie, Salz, Zitronenschale, Kardamom, Muskat, Macis und Piment vermengt und in einen Schweinssaitling (Kaliber über 32 mm) abgefüllt.
Die »Buchstabenseuche« entsteht durch ein IPR-Virus, das grippeähnliche Symptome auslöst, und ein IPV-Virus, das einen eitrigen Genitalkatarrh hervorruft. 1989 mußten deswegen in Vorarlberg 2.500 Rinder getötet werden.

Seite 129: *Adipo Re.*
Auf italienisch heißt der König Ödipus Edipo Re.

Seite 131: *In Österreich ist wirklich auch das noch lächerlich* ...
Der Artikel *So schlemmt das Parlament* von Günter Fritz erschien im *Wiener/Basta*, ich zitiere nach zwei Artikeln in *Der österreichische Journalist* 2/1995, S. 52 und 57.

Seite 139: *Tempio voltiano*
Der Ende des 19. Jahrhunderts zu Ehren des italienischen Naturforschers Alessandro Volta errichtete Ehrentempel ist eine der wahren Sehenswürdigkeiten von Como.

Seite 140: ... *Ma Junren* ...
Der Spiegel Nr. 23/95, S. 166.

Seite 146: ... *der Dürnsteiner Kellerberg von Franz Pichler* ...
Dieser »Franz Pichler« ist mit F. X. Pichler identisch. Damals ließ er auf dem Etikett noch den »Xaver« weg.

Seite 147: ... *das Burenheidl macht mich nicht an ...*
Burenheidl = Klobasse = Heiße = Burenwurst. Christian Seiler schrieb in *Der Feinschmecker* 8/94, S. 120: »Sie gehört zur Gattung der Brätwürste, der die Landesinnung Wien der Fleischer immerhin die Güteklasse 3b verlieh. Damit liegt sie qualitätsmäßig im hinteren Mittelfeld, und nur ein Preuße würde feststellen, daß hinter dem hinteren Mittelfeld nichts mehr kommt außer ausgemusterten Speckschwartln.« Das ist nicht der Grund, warum ich die Waldviertler vorziehe, sie liegt nämlich im Qualitätsrennen mit dem Burenheidl Kopf an Kopf, oder besser gesagt, Zipfel an Zipfel. Seiler weiter: »Das Brät wird aus 50 Teilen Rindfleisch Klasse III und 50 Teilen Wiener Hochquellenwasser angerührt (»100 Teilen Brät können bis zu 3 Teile Herzmuskulatur zugesetzt werden, vorausgesetzt, daß die Herzen von Tieren aus eigener Schlachtung stammen«, konzediert der Fleischerkodex B 14). Die Wurstmasse wiederum setzt sich aus 55 Teilen Brät, 25 Teilen Speck und 20 Teilen Salzstoß zusammen. Auf 100 Teile Wurstmasse kommen drei Teile Kartoffelstärke, und was »Salzstoß« bedeutet, soll unser Geheimnis bleiben.«

Seite 152: ... *Alexander Purger ...*
Salzburger Nachrichten, Nr. 145 vom 26. 6. 1995, Seite 1: »Willkommen im freien Markt, ihr Tiere!« von Alexander Purger.

Seite 153:
... *Wolfgang Puck* ... Ross Thomas: *Die im Dunkeln.* (Originaltitel: *Ah, Treachery!*) Zürich 1995, S. 165.

Seite 156: ... *Siebeck ...*
Eine gewisse Ignoranz scheint aber zur Grundausstattung deutscher Autoren zu gehören. Auch Wolf Uecker schreibt im Feinschmecker 9/94, daß er zwar von seiner Großmutter gewußt hatte, daß man Holunderblüten in Teig herausbacken kann, aber erst von einer 90jährigen in seinem Dorf in der Lüneburger Heide vom »Heidesekt« erfahren habe. »Die Zutaten lieferte die Natur - Wasser, Holunderblüten, Zucker - und für zehn Pfennig Weinsteinsäure aus der Apotheke. Es prickelt wie Selters, und das ganze Zimmer riecht nach Holunder, wenn man ein Glas trinkt.« Dieses Geheimnis der 90jährigen hätte er in Vorarlberg von nahezu jeder Frau jeden Alters erfahren können, und das Rezept für den Hollersirup (bei uns heißt der Holunder »Holler«) als Draufgabe.

Register der Personen und Lokale

Deuticke

Umschlaggestaltung: Robert Hollinger
Umschlagfoto: Günter Menzl
Druck: Wiener Verlag, Himberg bei Wien
Printed in Austria
ISBN 3-216-30150-8